21世纪普通高等院校系列规划教材

电视节目制作技术基础实训教程

DIANSHI JIEMU ZHIZUO JISHU JICHU SHIXUN JIAOCHENG

主 编 雍琴 李奇敬

西南财经大学出版社
中国·成都

图书在版编目(CIP)数据

电视节目制作技术基础实训教程/雍琴,李奇敬主编．—成都:西南财经大学出版社,2019.8
ISBN 978-7-5504-4080-7

Ⅰ.①电… Ⅱ.①雍…②李… Ⅲ.①电视节目制作—高等学校—教材
Ⅳ.①G222.3

中国版本图书馆 CIP 数据核字(2019)第 173367 号

电视节目制作技术基础实训教程

主编　雍琴　李奇敬

责任编辑:冯雪

封面设计:杨红鹰　张姗姗

责任印制:朱曼丽

出版发行	西南财经大学出版社(四川省成都市光华村街 55 号)
网　　址	http://www.bookcj.com
电子邮件	bookcj@foxmail.com
邮政编码	610074
电　　话	028-87353785
照　　排	四川胜翔数码印务设计有限公司
印　　刷	郫县犀浦印刷厂
成品尺寸	185mm×260mm
印　　张	7.25
字　　数	143 千字
版　　次	2019 年 8 月第 1 版
印　　次	2019 年 8 月第 1 次印刷
书　　号	ISBN 978-7-5504-4080-7
定　　价	18.00 元

前言

在21世纪计算机技术、网络技术迅速发展和广泛运用的背景下，数字化技术在广播电视节目制作中的应用也是必然的。在两者逐步融合的过程中，用人单位需要更多能够熟练掌握并灵活运用数字化技术的专业人才。高校招收的广播电视学学生对多媒体计算机技术掌握的好坏直接影响他们在数字化背景下的就业。随着多媒体计算机技术的发展，目前有许多处理视频音频的软件，我们应选择哪些软件，应掌握哪些核心技术？这些问题成为广播电视学专业人才的入门必答题。

笔者在初次为广播电视学学生开设的广播电视节目制作课程教学时就发现，市面上可选用的教材以理论为主，学生则要求加入更多实践技术知识，于是我们结合教材将视音频相关处理软件的使用整合后增设了实验课程。这不仅使学生课后就能自己制作视音频作品，而且进一步加深了学生对理论知识的理解。良好的教学效果使得笔者每年都会根据行业数字化技术的发展而增加和更新实验内容，经过十多年的教学，笔者积累了比较完整的技术实训基础教程经验，现将其集结成书。本书给进入融合媒体时代的广电人才提供需要学习的多媒体技术参考，并辅以快速掌握这些技术的实训教程，为其进一步学习提供指南。

本教材旨在为跨入广电行业的初学者提供帮助，主要按照媒体分类分章节进行编写，精练地讲述了广播电视节目制作数字化技术的知识点，再辅以相关软件的实训步骤，由简入深地将技术知识灌注在实践操作中。初学者只需通过多加练习即可快速全面地掌握广播电视节目制作的基本技能。

笔者主要从事专题片制作，在编写本教材时参考了众多的相关技术文章，在此向各位作者表示感谢！由于编者水平有限，在编写过程中难免出现一些错误和疏漏之处，恳请读者予以指正。

编者

2019年7月于重庆

前言

▶▶目录

第一章 音频

第一节 声学基本知识

一、声音的产生及传播

声音的本质是由物体振动引起周围弹性媒质（空气、水、固体等）发生波动的现象，即声波。声波具有波的基本特征：振幅、频率、波长、相位、谐波成分、包络，它们共同构成了声音的三要素。

声音的三要素为响度、音调和音色。

（1）响度，又称为音强，由声音的振幅决定，振幅越大则响度越大。它是听觉的基础，单位是分贝（dB）。

（2）音调，又称为音高，由声音的频率（基频）决定，频率越高则音调越高。女声的频率普遍比男声的高。

（3）音色，又称音品，是声音的特性，由发声物体本身材料、结构［声音波形的谐波频谱（泛音）和包络（每个周期波峰间的连线陡缓等特征）］决定。

二、听音的心理特征（听觉）

当人耳接收到声波时，耳膜在疏、密交替的声波推动下产生相应的振动，再经过听觉的一系列生理过程，人才能感知声音。

（1）听阈：人耳能听见的声音频率范围为20Hz~20KHz。

（2）听觉的时间特性：要使人耳感受到某个声音的存在，除了此声波要具有一定的强度外，还要让此声波在人的耳膜上作用一段时间（持续 0.1 秒以上），对于声调高、频率高的声音时间可以稍短一些。

（3）听觉的暂留现象：这种暂留现象一般会维持10~20ms。在声音刺激长时间连续作用之后，听觉感受性会显著降低，这一现象称为听觉疲劳。长期的听觉疲劳，由于累加作用无法使听觉恢复，最终会导致听力降低或永久性听力丧失。

（4）双耳效应和耳壳效应：指人类利用自己双耳和耳壳的形状特点来判别声源方位的能力。

（5）掩蔽效应：两个声音同时到达耳朵相混合时，人只能感觉到其中一个声音的现象叫声音的掩蔽。

三、行业必备基础知识

音质：笼统的意思是指声音的品质。在音响技术中它包含了三方面的内容，即声音的三要素。如图1-1所示，目前业界公认的声音质量标准分为4级：

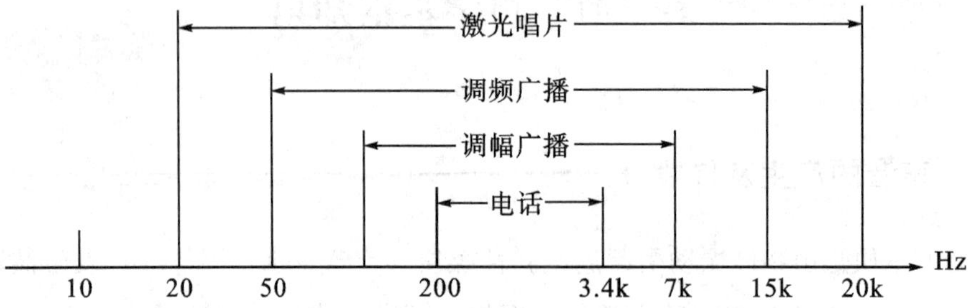

图1-1　声音质量标准分类

一般来说，覆盖频率越宽则声音质量越好。除了频率范围外，还有其他方法和指标来进一步描述不同用途的音质标准，如Hi-Fi、THX、DOLBY和IMAX等。

（1）Hi-Fi（High-Fidelity）：也称为高保真，是评价高质量立体声放音系统真实重现原有声源特性的专业术语。许多音像制品上都有此标志。

（2）THX：由奥斯卡音效奖得主乔治卢卡斯所发布，是对器材及环境的一个要求标准。影院等机构得到THX的认证，代表着其音效表现达到了一定的水准。

（3）DOLBY：即杜比，杜比公司是世界音频工业最著名的公司，先后发明了杜比降噪系统、杜比环绕声系统等多项技术，对电影音响和家庭音响产生了巨大的影响，因此凡带有杜比商标的产品基本都代表是高质量的产品。杜比影院现有特制的Dolby Vision+Dolby Atmos（杜比视界+杜比全景声）版本。

（4）IMAX：IMAX 3D影院音响系统，使用了五个“分立”的音频通道和亚音频技术把声音准确地投射在影院的具体区域，从而创造出更逼真、更具身临其境感的环境。

第二节　输入输出换能器件和存储技术

一、传声器（输入）

传声器又称话筒、麦克风，是声频传输系统的第一个环节，它的质量和使用方法，对整个系统的电声指标有着十分重要的影响。传声器的主要分类为：

（1）按换能原理主要分为动圈式、电容式和压电式。

（2）按信号的传递方式分为有线和无线（小蜜蜂）。

（3）按指向性分为心型、锐心型、超心型、双指向（8 字型）、无指向（全向型）和微指向（如表 1-1 所示）。

表 1-1　按指向性分类的图形

名称	心形	锐心型	超心形	双指向	无（全）指向	微指向
指向图形	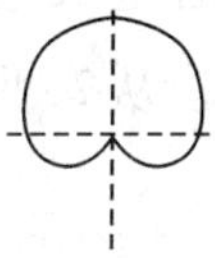	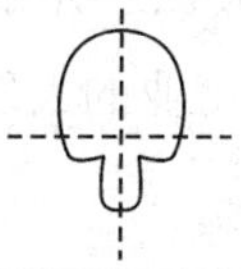	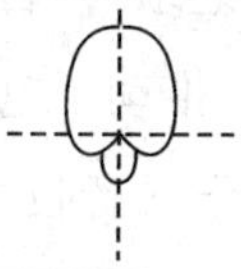	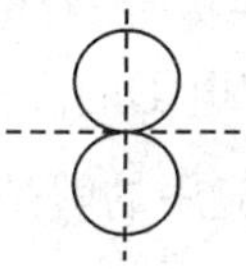	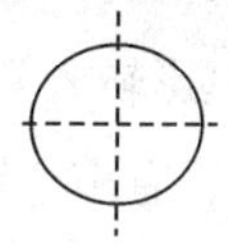	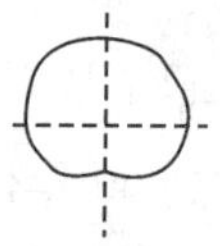

二、扬声器（输出）

扬声器又称喇叭，是电能转换成声能的重要电声换能器件。

不同的磁场强度和不同的材料会影响扬声器音色的质量。另外，音箱的箱体材料（木质、塑料、石材、玻璃、陶瓷、凝土箱体）和结构的不同，也会使扬声器在还原音色时有着不同的特性，这称为音箱的风格。目前，世界上的音箱主要分为以下三类：

第一类是擅长表现古典音乐、交响音乐的英国风格的音箱，俗称“英国声”。第二类是以表现摇滚音乐为主的美国风格的音箱，俗称“美国声”

第三类是以表现流行古乐为主的北欧风格的音箱，俗称“丹麦声”。

一套良好的音响系统一般配有功放（俗称“扩音机”）。功放把来自音源或前级放大器的弱信号放大，然后推动音箱发声。由于一般的音频信号源都是很微弱的，无法直接推动扬声器发音，因此必须经过功放将电压和功率放大。可见，功放对音色表现起着关键性的作用。

三、音像信号存储技术

目前，已出现的音像信号存储技术主要有四种。

1. 机械刻纹记录

爱迪生于19世纪末发明了人类历史上第一台机械录音机，一位名叫埃米尔·玻里纳的德国移民于1888年发明了唱片。唱片以其物质形态可以分为早期钢丝唱片、胶木78转唱片、黑胶唱片。黑胶唱片作为一种声音的载体几乎占据了整个20世纪，直到1984年CD诞生，黑胶唱片才逐渐被淘汰。

2. 磁记录技术

磁记录技术的信息载体使用的是磁带、磁盘等磁记录介质，主要应用于录音、录像、记录数字和其他信息等。最早的磁录音开始于19世纪末，到20世纪40年代磁录音技术才逐渐成熟。50年代以后磁记录又应用到电子计算机领域，移动硬盘也是由磁盘叠加而成的。

3. 感光录音技术

感光录音技术是以感光材料为媒介记录声音的方法。光学录音进入电影领域后，掀起了从无声电影转入有声电影的高潮，推动了电影事业的大发展。从20世纪30年代初到50年代初，有声电影应用的就是光学录音技术。

4. 激光存储技术

激光存储技术主要包括激光唱片和唱机两部分。激光唱片通过激光束的烧蚀作用，以一连串凹痕的形式将声音信号刻写并存储在圆盘上；激光唱机则是以激光束读取激光唱片上的光信号并将其转换为电信号，输出给音响播放装置后再转换为声音信号。

说到激光唱片，就不得不提到CD。CD，是1980年由荷兰飞利浦与日本索尼两家公司开发出的Compact Disc Digital Audio（简称为CD）数字音频光盘，也称激光唱片。同时，他们还制定了它的技术标准：激光唱片的直径为5英寸，单面立体声存储数字音频的信息，采样频率为44.1kHz，采样精度为16位。出于对知识产权保护，CD是将PCM二进制音频数据直接刻录在光盘上，光盘上只能看到每支曲子的索引文件，无法拷贝。

5. 全固态存储技术

全固态存储技术是通过存储芯片内部晶体管的开关状态来存储数据的。相对于磁盘、光盘类存储技术，它不需要读写头、不需要存储介质移动（转动）读写数据的存储器，所以有耗电少、抗震性强的优点，是现在应用最广泛的存储技术。SD卡、CF卡和U盘都是全固态存储技术的代表产品。

第三节　数字音频技术知识

一、音频模拟信号数字化

将音频模拟数据转换为数字信号最常见的方法是脉冲编码调制 PCM（Pulse Code Modulation）技术，如图 1-2 所示，它包括采样、量化和编码 3 个步骤。

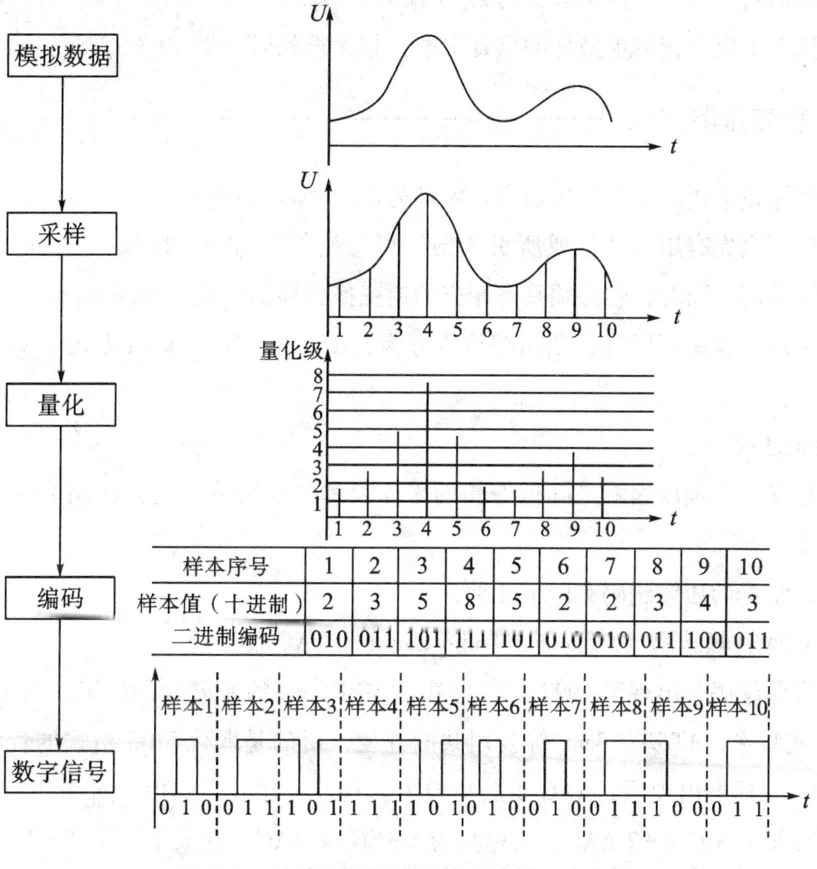

样本序号	1	2	3	4	5	6	7	8	9	10
样本值（十进制）	2	3	5	8	5	2	2	3	4	3
二进制编码	010	011	101	111	101	010	010	011	100	011

图 1-2　脉冲编码调制 PCM 技术的三个步骤

1. 采样

PCM 的理论基础是奈奎斯特（Nyquist）采样定理：若对连续变化的模拟信号进行周期性采样，只要采样频率大于等于有效信号最高频率的两倍，采样值便可包含原始信号的全部信息，就可以从这些采样中重新构造出原始信号。

根据采样原理可以得知，相对自然界的信号，音频编码最多只能做到无限接近，因为无法完全还原，所以任何数字音频编码方案都是有损的。

2. 量化

音频采样后的模拟信号为了实现以数字码表示样值，必须采用“四舍五入”的方法把样值分级“取整”，使一定取值范围内的样值由无限多个值变为有限个值，这一过程称为量化。

量化位数是对模拟音频信号的幅度轴进行数字化，它决定了模拟信号数字化以后的动态范围，量化位数越多，声音的质量越高，这也是衡量声卡等级的重要指标。

3. 编码

对音频信号取样并量化成二进制，实际上就是对音频信号进行编码。这样音频数字化得到的初始二进制数据又被称为PCM编码，由于未经过压缩的PCM被约定俗成称为无损，代表了数字音频中最佳的保真水准，其无损相对的是MP3的有损。

二、音频压缩技术

音频压缩技术指的是对原始数字音频信号流（PCM编码）运用适当的数字信号处理技术，在不损失有用信息量或所引入损失可忽略的条件下，降低（压缩）其码率，也称为压缩编码。同时，它必须具有相应的逆变换，即解压缩或解码。

一般来讲，我们可以将音频压缩技术分为有损（lossy）压缩及无损（lossless）压缩两大类。

1. 有损压缩

顾名思义，有损压缩就是降低音频的采样频率与比特率，这样输出的音频文件会比原文件小。

目前，常见的压缩编码有以下几种：

（1）高级音频编码（Advanced Audio Coding，AAC）。

高级音频编码，出现于1997年，是基于MPEG-2的音频编码技术。由Fraunhofer IIS、杜比实验室、AT&T、Sony等公司共同开发，目的是取代MP3格式的音频。2000年，MPEG-4标准出现后，AAC重新集成了其特性，加入了SBR技术和PS技术，为了区别于传统的MPEG-2 AAC，又称其为MPEG-4 AAC。它采用了全新的算法进行编码，更加高效，具有更高的“性价比”。

（2）杜比数字（Dolby Digital AC-3）。

杜比数字是杜比公司开发的新一代家庭影院多声道数字音频系统。杜比数字提供的环绕声系统由五个全频域声道加一个超低音声道组成（5.1个声道），它将每个声道的频率根据人耳的听觉特性区分为许多窄小的频段，利用音响心理学“听觉掩蔽效应”，删除人耳听不到或可忽略的部分，并采用数字信号压缩编码。

（3）MPEG-1音频。

MPEG组织于1992年正式被批准为国际标准，标准的编号为ISO/IEC11172，其标题为“码率约为1.5Mb/s用于数字存储媒体活动图像及其伴音的编码”。MPEG-1主要解决多媒体的存储问题，它的成功制定，使得以VCD和MP3为代表的MPEG-1产品迅速在世界范围内普及。

目前，常见的音频格式有以下几种：

（1）RM（RA）：网络流媒体的鼻祖。RM曾经是网上音乐传播的霸主，开创了音频流技术。由于Real Media是从极差的网络环境下发展过来的，有损压缩比大、体积小，因此音质差，能兼容的播放器不多，再加上其他音频格式的冲击，现已几乎被淘汰。

（2）MP3：老当益壮。MP3的全称是MPEG-1 Audio Layer 3，是世界第一个也是最流行的有损压缩编码方案（源代码开放）。它利用“知觉音频编码技术”削减单元音乐中人耳听不到的成分，第一次实现了10∶1~12∶1的高压缩率，而音质仅次于CD格式或WAV格式的声音文件。由于其文件尺寸小、音质好，因此MP3格式几乎成为网上音乐的代名词。直到现在，其作为主流音频格式的地位仍难以被撼动，可以说几乎所有的播放软件都支持它。

（3）WMA：低码流音质中最好用的。作为微软抢占网络音乐的开路先锋，WMA以很低的码流实现低失真的音乐还原，压缩率可以达到1∶18左右，还支持音频流（Stream）技术，尤其是得到Windows系统支持，使Windows Media Player可以直接播放WMA音乐。随着码流提升到超过128 Kbps，MP3音质有质的飞跃，WMA却没有音质的提升，所以现在基本处于被淘汰状态。

（4）OGG（Ogg Vorbis）。Ogg是一个自由且开放标准的容器格式，Vorbis是一种音频压缩机制，相当于AAC、AC3，由Xiph. Org基金会维护。Ogg Vorbis作为一个音频编码框架，通过不断导入新技术逐步完善、提高音质，同时支持多声道，有顶替开始征收专利费MP3的趋势。

2. 无损压缩

无损压缩能够在100%保存原文件数据的前提下，将音频文件的体积压缩得更小，而将压缩后的音频文件还原后，能够实现与源文件相同的大小、相同的码率。

目前，常见的无损压缩格式有以下几种：

（1）AIFF：苹果电脑最早实现多媒体计算机的音频格式。

（2）WAV：是微软公司根据苹果电脑上音频格式AIFF开发的一种数字音频文件格式，也叫波形声音文件。

（3）APE：由软件Monkey's audio压缩得到，压缩率约为55%，源代码开放，因其界面有“猴子”标志而出名。

（4）FLAC：这种压缩与ZIP的方式类似，是专门针对PCM音频的特点设计的压缩方式，且可以使用播放器直接播放 FLAC 压缩的文件。更重要的是 FLAC 的文件格式是完全对公众开放的，人们可以以任意目的使用它，不受任何已知专利的限制。

（5）Libsndfile：是一个由 C 语言写成的开放源代码的音频文件读写的库，可以读写 WAV 格式，FLAC 格式和其他许多常见格式（因为专利问题而不支持 MP3）。

三、数字音频参数

1. 采样率

采样率即采样频率，指计算机每秒钟采集多少个声音样本，是描述声音文件的音质、音调，衡量声卡、声音文件的质量标准。采样频率越高，即采样的间隔时间越短，则在单位时间内计算机得到的声音样本数据就越多，对声音波形的表示也越精确，占用的存储空间也就越大。

人耳能听到的声音频率范围是 20Hz～20KHz。CD 音乐根据奈奎斯特采样定理确定了 44.1KHz 的采样频率。数字电视、电影和专业音频 48KHz 采样频率则有更高的奈奎斯特极限，满足更苛刻的要求。

2. 声道

立体声：一般的声卡都是支持双声道即立体声信号的。

5.1 声道音效处理系统：由中置声道，前置左、右声道，后置左、右环绕声道及所谓的 0.1 声道重低音声道六个声道组成。

3. 位深度（采样精度、量化位数）

计算机中的数据都是由数字 0 和 1 二进制来表示的，二进制位数（8、16、24 位）决定着数字信号的精确程度，声卡最高的采样精度决定着处理声音信号的解析度。

4. 数码率（带宽）

在数字传输系统中，由于传输的是数字信号，因此传输的有效性可用传输速率来衡量。数码率也称信息传输速率、码流、比特率或传信率，是指以二进制码做数字信息的度量单位时，单位时间内传送的二进制比特数。其单位为比特/秒（bit/s）。

数码率有以下三种不同的编码形式：

（1）CBR（Constant Bitrate）：固定比特率，指文件只有一种位速率。相对于 VBR 和 ABR，它压缩出来的文件体积很大，音质却没有明显的提高。

（2）VBR（Variable Bitrate）：动态比特率，指压缩文件时根据音频数据即时确定使用什么比特率，这是以质量为前提兼顾文件大小的方式。

（3）ABR（Average Bitrate）：平均比特率，是 VBR 的一种插值参数。

四、数字音频工作站

数字音频工作站（Digital Audio Workstation，简称 DAW）是一种用来处理、交换音频信息的计算机系统。它是随着数字技术的发展和计算机技术的突飞猛进，将两者相结合的新型设备。

数字音频工作站的构成如下：

1. 硬件

从硬件角度来说，我们可将数字音频工作站归结为计算机控制部分，核心音频处理部分（专业声卡），数据存储设备及其他外设设备（传声器、调音台、监听耳机、音箱等）四个部分。

2. 软件

从软件角度来说，我们可将数字音频工作站分为操作平台、音频处理界面、文件格式、第三方软件及其他相关软件四个模块。

目前，常见的音频处理软件有以下五种：

（1）Audition：专业音频编辑和混合处理软件，原名为 Cool Edit，被 Adobe 公司收购后改名。

（2）Cubase：一款全功能数字音乐、音频工作软件，可制作出千奇百怪的电子声以及大量的特效。

（3）Samplitude：目前最专业的多轨音频软件，是专业录音棚必备的软件，音频处理软件中的专业之王。

（4）Fruity Loop：俗称鼓点软件，以小节为单位制作几十个小片段，再组合成乐曲。Loop 适合制作舞曲、鼓点等。

（5）Cakewalk Sonar：MIDI 音乐创作和制作软件。

实验一　音频的录制及处理

一、实验目的

（1）学会用录音棚设备录制声音。

（2）学会使用音频处理软件 Audition。

二、实验准备知识

1. 音频文件

与 WORD 文本文件类似，包含歌曲自身的数据信息。

2. 会话文件

用于实现对多个音频文件的同时编辑和再编辑。文件只以文字说明的方式记录导入的音频文件及路径、编辑过程的所有操作，所以文件存储容量非常小，并且不包含音频数据，所以不能被音频播放器直接播放。

三、实验内容

内容一：认识录音棚设备及采集音频

1. 认识硬件

先观察录音棚的四周，再找到设备“传声器→调音台→外置声卡→计算机”，并按上述顺序将电源打开。

2. 确定硬件连接状态

开启计算机后，鼠标右键点击任务栏的声音设置图标，点选［录音设备］即可弹出声音设置窗口，确定专业声卡 Saffire 处于开启状态，再开启软件 Audition。

3. 认识软件

点击菜单栏［窗口］→［工作区］→［传统］，软件界面如图 1-3 所示。

图 1-3　软件操作界面

4. 新建文件

点击菜单栏［文件］→［新建］→［音频文件］弹出参数设置窗口，确定：采样率为“48 000Hz”、声道为“立体声”、位深度为“32（浮点）”，并为文件取名后点［确定］按钮。

5. 编辑文件

确定文件窗口出现新建的音频文件，其编辑器窗口被激活，安排一人在录音棚（关闭好）传声器前发声，点击传输窗口中的录制按钮，观察编辑器窗口中的时间指示图标是否在移动，可有波形出现。

6. 保存文件

再次点击■或是停止按钮■，录制结束，点击［文件］→［保存］弹出窗口，设置文件名、存储路径、格式及其参数，最后点击［确定］按钮保存录制的音频文件。

作业： 请在录音棚中录制约三分钟的歌曲（自备伴奏和耳机）或一段解说词（诗歌等），并将其保存。

内容二：内录音频

（1）点击 Audition 菜单栏［文件］→［打开］或在文件窗口空白处双击，点选弹出窗口下面［文件名］右边的格式设置条的［所有文件］，双击提供的名为“rm 音频”的音频文件（若弹出报错窗口，表示这是软件无法识别的音频格式）。

（2）打开系统自带的 Windows Media Player 播放器，用此打开刚才的“rm 音频.rm”文件，播放并在听到音乐声后暂停。

（3）鼠标右键点击系统任务栏的声音设置图标■，在弹出菜单的［录音设备］（或点左下角的［开始］→［控制面板］→［硬件和声音］→［声音］→［录制］项），弹出声音设置窗口的录音项，鼠标右键点击［立体声混音］→［启用］。（如未看到［立体声混音］，在窗口空白处点鼠标右键勾选上［显示禁用设备］，如还未出现［立体声混音］则表示此声卡不支持内录功能。）

（4）回到 Audition 界面会发现一个提示窗口，点击［是］按钮弹出首选项窗口，［音频硬件］→［默认输入］项选设为［立体声混音］，点［确定］按钮完成硬件更改设置。

（5）点击 Audition 菜单栏［文件］→［新建］→［音频文件］弹出参数设置窗口［采样率为“48 000Hz”、声道为“立体声”、位深度为“32（浮点）”］，点击［确定］按钮。

（6）点击传输窗口中的录制按钮■，用 Windows Media Player 播放器继续刚才找到的 rm 音频文件，观察编辑器窗口的波形，观察改变播放器的音量大小后正在录制的波形变化情况。

作业： 用任意播放器播放一部电影，用内录方式录取其中一首完整的音乐，并保存成名为“内录”的音频文件。

内容三：Audition 处理单一音频文件

（1）删除

双击 Audition 中有波形的一个音频文件，在编辑器窗口用鼠标左键拖选一截波形（即按下鼠标在波形上移动一段距离再松开），还可以借助缩放窗口中■和编辑器窗口重新精确定义选区，直接点键盘上的［删除］键。

（2）复制粘贴

同删除操作一样，选取一个音频文件的部分波形，点击菜单栏［编辑］→［复制到新文件］，观察文件窗口和编辑器窗口。

（3）降噪

在 Audition 中打开名为“需降噪声.wav”的音频文件，并确定其处于选择状态，选择有效波形之间的噪波部分，如图示，单击菜单栏［效果］→［降噪/恢复］→［捕捉噪声样本］弹出窗口点［确定］按钮，再取消波形选区（或将整个波形全部选上），单击菜单栏［效果］→［降噪/恢复］→［降噪（处理）］弹出窗口，将［降噪］参数设置为100%、将［降噪幅度］设置为100dB后点［应用］按钮，观察波形并点击传输窗口中播放按钮试听结果。

（4）提取伴奏

打开名为“卡拉OK.mp3”的音频文件，先点击传输窗口中试听，试听过程中分别点击编辑器窗口右边的关闭其中一个声道；单击菜单栏［效果］→［立体声声像］→［中置声道提取器］弹出窗口，在［预设］选“人声移除”，点窗口中左下角的预览播放/停止按钮，试听人声是否消除，如未消除，则点击［提取］项选为“右”后再试听（试听时可在编辑器窗口中随意移动时间指示标记到想听部分）。

注意：如果音频文件的所有声道都有人声，则无法提取纯粹的伴奏。

内容四：Audition 混编多个音频文件

以歌曲《光年之外》为例，进行多轨编辑。

（1）在文件窗口中导入名为“原唱与伴奏”文件夹下的三个音频文件，并分别观察其采样率、声道和位深度。

（2）点击工具栏前的 多轨 按钮，为会话文件取名设置好路径；采样率、声道和位深度则参考已导入的三个音频文件的最高参数，然后点［确定］按钮。

（3）将“光年之外”拖到第一条音轨，将“光年之外伴奏”拖到第二条音轨，“将光年之外清唱”拖到第三条音轨，在此过程中若弹出参数不符的提示窗口，点［确定］按钮软件即可自动转换（在文件窗口中用鼠标左键点选上音频文件后不松开鼠标的状态下将其移动到编辑器窗口音轨位置再松开鼠标）。

（4）用鼠标左键移动第一、第二两条音轨上的波形到完全对应，即原唱和伴奏波形保持一致，点击第一条音轨前的独奏按钮 S，点击传输窗口中试听原唱，借助缩放窗口和编辑器窗口移动到每一句歌词的入点后点击［编辑］→［标记］→［添加提示标记］（快捷键：直接点击键盘上“M”键）。

（5）将第三条音轨上的清唱文件波形借助工具栏剪切工具和缩放窗口尽量精确地按照每一句歌词分切好，然后点击工具栏移动工具将分割好的波形根据上面的提示标志一一移动到位。

（6）将第一条音轨前的静音按钮M打开后，点击传输窗口中进行试听，调整音量大小，直到将伴奏和清唱调整为适听状态。

（7）点击清唱音轨前的fx效果按钮，试着点选弹出菜单项目为其添加效果，然后再试听结果，一定要与原唱有所区别。

（8）确定第一条音轨仍处于关闭状态（静音），第二、三音轨处于开启状态，点击［多轨］→［将会话混音为新文件］→［整个会话］，生成的音频文件后会自动到波形状态，试听后再点［文件］→［保存］即可将文件保存为高品质动态码流的MP3音乐。

（9）点击工具栏前的多轨按钮回到多轨编辑，点击［文件］→［保存］，找到会话文件所在路径的文件夹，打开看看。

作业：将实验内容一中录音棚录制的音频文件加上伴奏或背景音乐，混编成新的音频文件，并将会话文件保存提交。

第二章 图像

第一节 数字图像基本知识

一、像素

用放大镜就近观察电脑显示器或电视机屏幕，会看到数量极多的分为红绿蓝三种颜色的小点。这些点就是电子产品（虚拟世界）用于还原真实世界的基本构成——像素，一组三色合称为一个像素，其中的一种色点称为子像素。

1. 物理像素和有效像素

根据物理中的光衍射原理，相机的光通道（取像孔）被厂家固定下来后，在电荷耦合器件（CCD）上成像时外缘部分会形成衍射现象，导致图像模糊。为了提高图像质量，我们就会放弃在这部分像素点上的成像内容，这样一来成像单元（像素点）就没有100%的被利用，导致实际利用像素数没有提供得那么多。那些被利用的绝大部分像素数就是“有效像素”。

2. 分辨率

像素是组成电子产品的最基本单元，所以它又成为描述电子和光学器件分辨率大小的相对概念，单位长度内的像素越多，分辨率就越高，图像效果就越好。比如尼康D7200有效像素是2 416万，就意味着其水平和垂直方向的像素个数约为6 000×4 000，这样的像素比又被称为显示分辨率。

3. 长度单位

数字图像甚至将像素作为长度单位，在PS中新建图像的默认单位也是像素。但像素作为图像的一种尺寸，只存在于虚拟世界中，是一种虚拟的单位，不能应用在现实世界。比如两幅数字图像的大小都是 5 472×3 648 像素，一个显示在 22 寸显示器上，一个显示在 42 寸电视上，虽然在现实世界中看到的大小是不一样的，但在虚拟世界中认为它们是一样大的。

二、图像分辨率和打印分辨率（显示分辨率、输出分辨率）

我们经常需要将虚拟世界的数字图像打印出来，因此必须建立起虚拟与现实世界的桥梁。

1. 打印分辨率

DPI（Dot Per Inch）是打印分辨率使用的单位，是指每英寸所表达的打印点数。DPI 又称为打印精度，指的是打印机在单位距离上所能记录的点数（至少 2 000 个墨点），它反映了打印机，包括墨水、墨粉等的制造精度。

2. 图像分辨率

PPI（Pixel Per Inch）是图像分辨率所使用的单位，是指在图像中每英寸所表达的像素数目。图像分辨率越高，所呈现的图像就会越细致与精密，它是衡量拍摄设备档次高低的一个重要指标。

PS 中的分辨率指的是图像分辨率，它就是实现数字图像从虚拟到现实世界的桥梁。PS 新建文件时的默认值为 72 像素/英寸，因为普通打印机在此参数下打印出来的文件清晰度已完全可以满足我们的需求了。印刷行业印刷精美画册则要求提供的数码图像的分辨率必须达到 300PPI，一般只有高档单反相机才能达到这个参数。

由于图像分辨率和打印分辨率有个共同点——单位长度内的像素或点数越多，打印出产品的清晰度越高，因此这两个概念在实际应用中经常被混淆。比如，冲印行业直接将图像分辨率称为打印分辨率（或输出分辨率），销售行业则将图像分辨率和显示分辨率等同起来。

三、点阵图和矢量图

计算机数字图像分为点阵图（又称位图或栅格图像）和矢量图两大类，点阵图和矢量图没有好坏之分，只是用途不同。了解它们的特色和差异，有助于我们创建、输入、输出编辑和应用数字图像。

1. 点阵图

点阵图顾名思义就是由点构成的图。就像用马赛克去拼贴图案一样，每个马赛克就是一个点，若干个点以矩阵排列成图案，虚拟世界就是以点还原面来再现我们的真实世界，图像最初的图像分辨率和显示分辨率决定着图像的最高画质。

点阵图的任一像素都对应图像上的一个点，存储着对应于该点的信息值（位置、色调、饱和度和亮度等)，所以用点阵图格式存盘文件越大，对图像的色彩表现就越丰富。真实世界的色彩重要性使得拍摄真实世界保存下来的图像都是点阵图类，所以以处理图像闻名的PS也在点阵图状态下工作。

在处理点阵图时编辑的是像素点，所以当你把图像放得过大，方形的像素就会显现出来，并在边缘呈现明显的锯齿状（如图2-1所示）。

图2-1　**点阵图与放大后的点阵图**

变焦就是放大或缩小需要拍摄的景物，变焦分为光学变焦和数字变焦。

光学变焦的英文名称为Optical Zoom，拍摄设备需要依靠光学镜头结构来实现被摄景物的放大或缩小。变焦过程没有画质的损伤，这也是变焦镜头存在的价值之一。

数字变焦也称数码变焦，英文名称为Digital Zoom，通常是在拍摄设备将光学变焦开到极限仍达不到放大需求时才使用，其实是通过数码相机内的处理器，把图片内的每个像素面积增大，从而达到放大目的。这种手法如同用图像处理软件PS把图片的像素点放大，这个过程对画质是有损伤的，所以一般建议拍摄的时候将数字变焦关闭。

2. 矢量图

矢量图由矢量定义的直线和曲线组成，即根据轮廓的几何特性用数学公式进行描述，所以文件容量非常小，缩放它时软件会用数学公式重新进行计算，然后呈现出图像，矢量图不会出现锯齿状边缘（如图2-2所示），但用公式来描述色彩显然效果不及点阵图。因此，矢量图是文字（尤其是小字）和线条图形（比如徽标）的最佳选择，适合于图形图像的设计。

图 2-2　矢量图与放大后的矢量图

目前，如 Adobe Illustrator（专业美术设计矢量插图制作软件，真正在出版业上使用的矢量工业标准）、CorelDraw（知名的美术设计与制作软件之一）、AutoCAD、3DMAX 等设计类软件都是以矢量图为基础进行创作的。

两种数字图形图像格式各有优点和缺点，应用在不同的行业，且两者可互相转换，但转换后其优点都将消失。比如用 PS 打开 Illustrator 文件的一瞬间，其图像已经被转换成用像素点来记录，容量立即增大；在 Illustrator 调用点阵图做设计用时，为保有其色彩等，数据原点阵图数据是被打包进软件的，因此容量也会增加，且放大时属于点阵图的部分仍会出现锯齿。

四、数字图形图像格式

图像作为信息的重要表现形式，具有数据量大的特点，为了有效地传输和储存必须将图像转换为合适的格式以压缩图像的数据量。图像压缩的编码方式有很多，根据压缩过程有无信息损失可分为有损编码和无损编码。下面，我们介绍一下常见的图像格式。

1. 数字图像格式（点阵图）

（1）BMP 格式。BMP 是英文 Bitmap（位图）的简写，是 Windows 操作系统中的标准图像文件格式，点阵图最初也称为位图。这种格式的特点是包含的图像信息较丰富，几乎不对图像进行压缩，但由此导致了它与生俱生来的缺点——占用磁盘空间过大。

（2）GIF 格式。GIF 是英文 Graphics Interchange Format（图形交换格式）的缩写。顾名思义，这种格式是用来交换图片的，它是针对过去网络传输带宽限制而开发的。GIF 的压缩比高、磁盘空间占用较少，是支持背景透明效果和唯一支持 2D 动画的图像格式，因此在网上十分流行。此外，考虑到网络传输中的实际情况，GIF 图像格式还增加了渐显方式，即在图像传输过程中，用户可以先看到图像的大致轮廓，然后随着传输过程的继续而逐步看清图像中的细节部分，从而适应了用户的“从朦胧到清楚”的观赏心理。GIF 的缺点就是存储色彩数不能超过 256 种，因此其色彩表现效果不佳。

（3）JPEG 格式。JPEG 也是常见的一种图像格式，由联合照片专家组（Joint Photographic Experts Group）开发。JPEG 文件的扩展名为.jpg 或. jpeg，其压缩技术十分先进，它用有损压缩方式去除冗余的图像和彩色数据，在获取极高的压缩率的同时能展现十分丰富生动的图像，即用最少的磁盘空间得到较高的图像质量。JPEG 还是一种很灵活的图像格式，允许用户选择不同的压缩比例对这种文件压缩，可由用户自行在图像质量和文件尺寸之间找到平衡点。由于 JPEG 优异的品质和杰出的表现，它的应用非常广泛，比如目前各类浏览器均支持 JPEG 这种图像格式，几乎所有的数码拍摄产品都能存储为此格式。

（4）JPEG 2000 格式。JPEG 2000 同样是由 JPEG 组织负责制定的，其压缩率比 JPEG 约高 30%，同时还支持有损和无损压缩。JPEG 2000 新增渐进传输，这一点与 GIF 的“渐显”有异曲同工之妙，即先传输图像的轮廓，然后逐步传输数据，不断提高图像质量，让图像由朦胧到清晰显示。此外，JPEG 2000 还支持所谓的“感兴趣区域”特性，即可以任意指定影像上感兴趣区域的压缩质量，还可以选择指定的部分先解压缩。JPEG 2000 和 JPEG 相比优势明显，且向下兼容，因此取代传统的 JPEG 格式指日可待。

（5）TIFF 格式。TIFF（Tag Image File Format）是 Mac 中广泛使用的图像格式，它由 Aldus 和微软联合开发，最初是出于跨平台存储扫描图像的需要而设计的，所以能被印刷行业的设备识别。它的特点是图像格式复杂、存储信息多，支持多图层结构，正因为它存储的图像细微层次的信息非常多，图像的质量也得以提高，故而非常有利于原稿的复制。该格式有压缩和非压缩两种形式，其中压缩可采用 LZW 无损压缩方案存储。

（6）PSD 格式。这是著名的 Adobe 公司的图像处理软件 Photoshop 的专用格式 Photoshop Document（PSD）。PSD 其实是 Photoshop 进行平面设计的一张“草稿图”，它里面包含各种图层、通道、遮罩等多种设计的样稿，以便于下次打开文件时可以修改上一次的设计。在 Photoshop 所支持的各种图像格式中，PSD 的存取速度比其他格式快很多，功能也很强大。

（7）PNG 格式。PNG（Portable Network Graphics）是一种新兴的网络图像格式。在 1994 年年底，Unysis 公司宣布 GIF 拥有专利的压缩方法，要求开发 GIF 软件的作者须缴纳一定费用，此举反而促成了免费的 PNG 图像格式的诞生。PNG 一开始便结合 GIF 及 JPG 两家之长，打算一举取代这两种格式，因此 PNG 的第一个特点是汲取了两者的优点，即存储形式丰富，兼有 GIF 和 JPG 的色彩模式。它的第二个特点是能把图像文件压缩到极限以利于网络传输，但又能保留所有与图像品质有关的信息，因为 PNG 是采用无损压缩方式来减少文件的大小，这一点与牺牲图像品质以换取高压缩率的 JPG 有所不同，是目前保证最不失真的格式。它的第三个特点是显示速度很快，只需下载 1/64 的图像信息就可以显示出低分辨率的预览图像。第四，PNG 同样支持透明图像的制作，透明图像在制作网页图像的时候很有用。PNG 的缺点是不支持动画应用效果，如果在这方面能有所加强，几乎就可以替代 GIF 和 JPEG 了。1996 年 10 月 1 日由 PNG 向国际网络联盟提出并得到推荐认可标准，并且大部分绘图软件和浏览器开始支持 PNG 图像浏览，从此 PNG 图像格式便更加生机焕发了。

2. 数字图像格式（矢量图）

（1）SVG 格式。SVG（Scalable Vector Graphics）意思是可缩放的矢量图形。它是基于 XML（Extensible Markup Language），由 World Wide Web Consortium（W3C）联盟进行开发的。由于直接用代码来描绘图像，典型的矢量图格式，文件存储容量非常小，且可任意放大（显示时绝不会以牺牲图像质量为代价）；SVG 图形是可交互的和动态的，可以在 SVG 文件中嵌入动画元素或通过脚本来定义动画。它提供了目前网络流行的 PNG 和 JPEG 格式无法具备的优势，因此现在全球名画等图像都以此格式保存，在 SVG 图像中保留可编辑和可搜寻的状态。也正是因为 SVG 格式本身是代码，必须通过解码成能看到的图像格式才能看到图像，所以此格式主要用于存储和传输图像。

（2）DXF 格式。DXF（Autodesk Drawing Exchange Format）是 Auto CAD 中的矢量文件格式，以 ASCII 码的方式存储文件，在表现图形的大小方面十分精确。

（3）EPS 格式。EPS（Encapsulated PostScript）是 PC 机用户较少见的一种格式，而苹果 Mac 机的用户则用得较多。它是用 PostScript 语言描述的一种 ASCII 码文件格式，既可以存储矢量图，也可以存储位图，是一种连接点阵图与矢量图的桥梁格式。

（4）WMF 和 EMF 格式。WMF 是一种常见的图元文件格式，它具有文件短小、图案造型化的特点，整个图形常由各个独立的组成部分拼接而成，但其图形往往较粗糙。

EMF 是微软公司开发的一种 Windows 32 位扩展图元文件格式。其总体目标是要弥补使用 WMF 的不足，使得图元文件更加易于被接受。

（5）RAW 格式。RAW 的原意就是“未经加工”。我们可以理解为 RAW 图像就是 CMOS 或者 CCD 图像感应器将捕捉到的光源信号转化为数字信号的原始数据。RAW 文件是一种记录了数码相机传感器的原始信息，同时记录了由相机拍摄所产生的一些元数据（Metadata，如 ISO 的设置、快门速度、光圈值、白平衡等）的文件。RAW 是未经处理、也未经压缩的格式，可以把 RAW 概念化为“原始图像编码数据”或更形象地称为“数字底片”。这样的图像格式通过后期处理，摄影师能够最大限度地发挥自己的艺术才华。

不同的厂商一般会使用自己专有的 RAW 格式且不公开文档格式，这些文件格式统称为原始格式，而且在通常情况下相机型号更新时还会更改格式。这就造成许多不同的 RAW 格式目前正在使用的和新的 RAW 格式不断出现，现在仍没有被广泛接受的标准的原始图像格式。比如几个主要的相机厂商，包括尼康、佳能、索尼等加密文件部分甚至在试图阻止第三方工具访问它们。

第二节　数字图像的彩色原理

一、光与色的基础知识

彩色是光的一种属性，没有光就没有彩色。光是一种以电磁波形式存在的物质。人眼可以看见的光叫可见光，它是波长为 380nm~780nm 的电磁波。小于或大于这个范围的电磁波我们人眼都看不见，但不等于它不存在，比如紫外线和红外线。

人眼看到的彩色有两种不同的来源：一种是发光体所呈现的色光（如自然最大的发光体是太阳，人类发明的发光体是电灯），另一种是物体反射或透射等的彩色光（如月亮）。

科学家正是在研究光传播的多样性（反射、折射、散射等）时发现了三原色原理、空间混合、色光相加和颜料相减原理。

1. 三原色（三基色）原理

复色光分解为单色光而形成光谱的现象称为光的色散。科学家将自然界中的色光进行不断色散后，发现红、绿、蓝色光最后再也分解不了，就是说三色中的任何一色，都不能用另外两种原色混合产生，因此将色彩中不能再分解的基本色称之为原色，又称为基色。于是科学家又反其道行之，用原色合成其他的颜色，发现其他色可由这三色按一定的比例混合出来，我们的虚拟世界还原真实世界的色彩就是用的红绿蓝三色子像素，这三个独立的色就被称为三原色（或三基色）。

人体的神奇性：人眼对颜色的感觉对应于红色、绿色和蓝色三种视锥体细胞，这些锥体细胞采样得到的信号通过大脑产生不同颜色的感觉。

2. 空间混合

空间混合是指各种颜色的反射光快速地先后刺激或同时刺激人眼。我们说的先后，是指光在人眼中留下的印象在视觉中混合，或同时或几乎同时将信息传入人的大脑皮层，因此给人们的感觉是混合型的。

利用这个原理，我们的虚拟世界（电视、电脑等）子像素实际上是许多比例不同的红、绿、蓝色的小色点，但因为过于细小，人眼不易分辨，待传到人的眼中时，对颜色的印象已在空中混合了，故称空间混合。空间混合也可视为并列混合、色彩的并置，其明度是被混合色的平均明度，因此也称为中间混合、中性混合。

点彩派也是利用这种原理，电子分色套色印刷（各个颜色分别进行印刷）也是同样原理。

3. 色光相加和颜料相减原理

三原色分为两类（对应人眼看到彩色的两种不同来源）：色光三原色（发光）和颜料三原色（反光）。

色光的三原色是红、绿、蓝（蓝紫色），色光混合变亮，称之为加色混合。比如自然界白光中三种色光的组成比例：EY＝0. 3ER+0. 59EG+0. 11EB。比如虚拟世界属于发光体，所以其遵循的是色光相加的原理。

颜料的三原色是红（品红又称洋红）、黄（柠檬黄）、青（湖蓝），颜料混合变暗，称之为减色混合。

其实颜料三原色来源于色光三原色，因为颜料本身不发光，它属于反光体，因此人眼看到的色与物体的反射光原理息息相关，这里就涉及物体色这个概念。人们在物体颜色的问题上争论颇大，有人认为有固有色，有人认为没有。为了免其争论，我们称它是物体色。那么，为什么不同物体会反射不同色光呢？

因为如果不借助光，我们是看不到物体的颜色的，然而，科学界现在也没有一个定论，所以这里只告诉大家一个最权威也最容易被大家接受的原理：简单来说，要看到物体的颜色，就需要物体反射光波进入我们的眼睛，而光波是电磁波的一种，它具备如磁铁一般同性相斥、异性相吸的特性，那么人眼所看到的物体色应该与被反射光的颜色是一致的。比如白色银幕意味着什么颜色都没有，光打在上面，各种色光全反射，本来的色彩就原样进入眼睛。

二、色彩三要素

色彩是能引起我们共同的审美愉悦的、最为敏感的形式要素，丰富多样的颜色可以分为无彩色系和有彩色系。

无彩色系是指由黑色、白色及黑白两色相融而成的各种深浅不同的灰色系列。试将纯黑逐渐加白，使其由黑、深灰、中灰、浅灰直到纯白，分为 11 个阶梯，成为明度渐变，做成一个明度色标（也可用于有彩色系），凡明度在 0°～3°的色彩称为低调色，

4°～6°的色彩称为中调色，7°～10°的色彩称为高调色。

有彩色系是指包括在可见光谱中的全部色彩，虽然它以红、橙、黄、绿、蓝、紫等为基本色，还包括了基本色之间不同量的混合、基本色与无彩色之间不同量的混合所产生的千千万万种色彩都属于有彩色系。

有彩色系有三个基本特征：色相、纯度、明度，在色彩学上也称色彩的三要素、三属性或三特征，必须对它们进行了解才能搭配好图像的色彩。

1. 色相

色相是指色彩的相貌，确切地说就是依波长来划分色光的相貌。可见色光因波长的不同，给眼睛的色彩感觉也不同，每种波长色光的被感觉就是一种色相。人的眼睛可以分辨出约 180 种不同色相的颜色。

依色散可分出色相的序列关系，即红、绿、蓝三原色加间色，即，红、橙、黄、绿、青、蓝、紫。

2. 纯度

纯度是指色光波长的单纯程度，也被称为艳度、彩度、鲜度或饱和度，表示色相中灰色成分所占的比例，用 0%～100%（纯色）来表示。

在七色相中各有其纯度，它们之间也有纯度高低之分，通过图 2-3 可以明确看到红色纯度最高，而青色纯度最低。

纯度越高给人的视觉冲击和心理冲击力越大，所以当画面想强调某个主角时，比如《辛德勒名单》中黑白镜头中突兀出现的穿红裙子的小女孩。

红	橙	黄	绿	青	蓝	紫
N1						
N2						
N3						
N4						
N5						
N6						
N7						
N8						
N9						
N10						
N11						
N12						
N13						
N14						

图 2-3　七色相纯度序列表

3. 明度

明度是指色彩的明亮程度，对光源色来说可以称光度；对物体色来说，除了称明度之外，还可称亮度、深浅程度等。亮度是图像质量的重要参数。亮度层次多，图像就显得明暗层次丰富，柔和细腻；亮度层次少，图像就会显得单调生硬。我们将色散带展开，即得到图 2-4 所示的色散带。

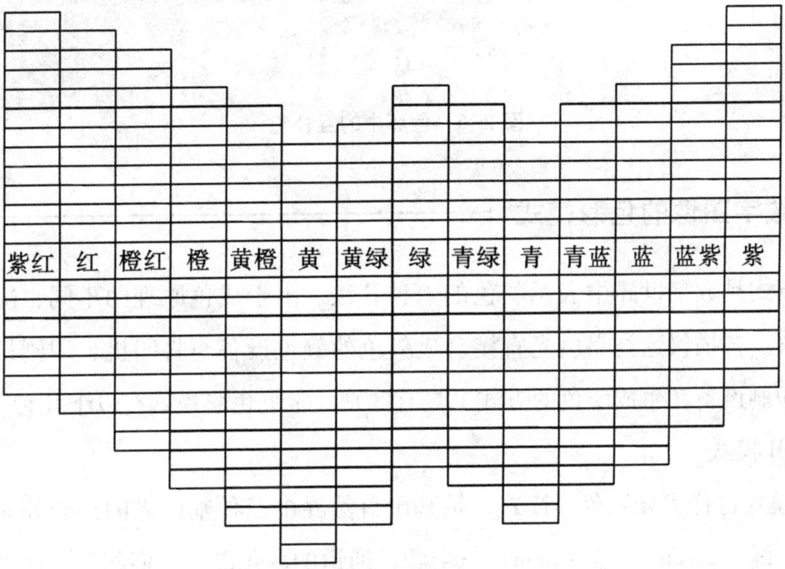

图 2-4　展开后的色散带

黄色的明度最高，其次是青色。紫色明度最低，其次是紫红色。这种现象，通过电脑色谱即可明晰分辨，黄光是由绿光与红光加光混合而成，加光混合后新产生的光，要比原两种光的任何一种都亮，如黄光和青光。

人眼对亮度的灵敏度超过对色彩的灵敏度很多，这是因为人的眼睛在光线较亮时，主要是中央部分视锥细胞（对色彩敏感，但对光强敏感阈值较高）起作用，称为明视觉，此时人眼对黄光最灵敏；光线较暗时，主要是边缘部分视杆细胞（无色彩感，能感受微弱光强，太亮时无活性）起作用，称为暗视觉，此时人眼对绿光最敏感。

如图 2-5 所示，在红橙黄绿青蓝紫按顺序在环上排列的色环中，位于 180 度夹角的两种颜色互为补色，又称为互补色。互为补色的两种色光相加呈现白光，两种颜色相混则呈现灰黑色。

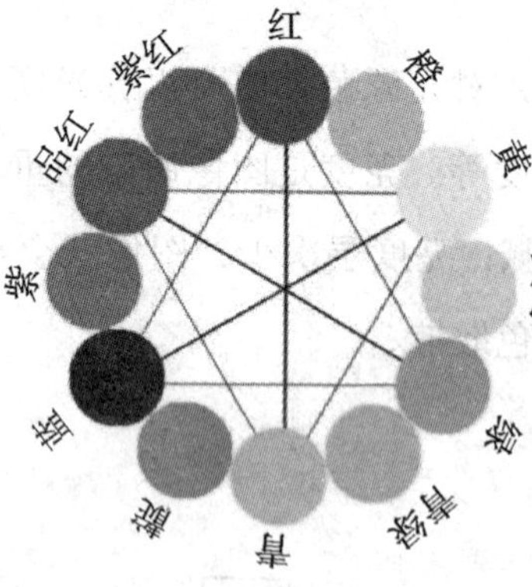

图 2-5　色环中的互补色

三、数字图像的色彩模式

色彩模式是数字世界中表示颜色的一种算法。由于成色原理的不同，决定了显示器、投影仪、扫描仪这类靠色光直接合成颜色的颜色设备与打印机、印刷机这类靠使用颜料的印刷设备在生成颜色的方式上具有区别。常见色彩模式有以下几种。

1. RGB 模式

RGB 模式也称为光发色彩模式，是基于自然界中三种基色光的混合原理，通过对红（red）、绿（green）、蓝（blue）三个颜色通道的变化以及它们相互之间的叠加来得到各式各样的颜色的。RGB 模式适用于显示器、投影仪、扫描仪、数码相机等，成了工业界的一种颜色标准，这个标准几乎包括了人类视力所能感知的所有颜色，是目前运用最广的颜色系统之一。

在 PS 拾色器中通过一个以“#”开头的 6 位 16 进制数值表示 1 种颜色。6 位数字分为 3 组，每组 2 位，依次表示红、绿、蓝 3 种颜色的强度，每 1 种颜色强度最低为 0，最高为 255，并通常以 16 进制数值表示，那么 10 进制的 255 对应于 16 进制就是 FF，并把 3 个数值依次并列起来，以#开头。比如颜色值“#FF0000”为红色，因为红色的值达到了最高值 FF，其余两种颜色强度为 0。

2. CMYK 模式

CMYK 模式也称为印刷色彩模式。其中四个字母分别指青（cyan）、洋红（magenta）、黄（yellow）和黑（black），在印刷中代表四种颜色的油墨。CMYK 模式在本质上与 RGB 模式没有什么区别，只是产生色彩的原理不同，在 RGB 模式中由光源发出的色光混合生成颜色，而在 CMYK 模式中由光线照到有不同比例 C、M、Y、K 油墨的纸上，部分光谱被吸收后，反射到人眼的光产生颜色。由于 C、M、Y、K 在混合成色时，随着 C、M、Y、K 四种成分的增多，反射到人眼的光会越来越少，光线的亮度会越来越低，所以 CMYK 模式产生颜色的方法又被称为色光减色法。

CMYK 析色彩不如 RGB 的色彩丰富饱满，因为颜色种数没有 RGB 色多，当图像由 RGB 色转为 CMYK 色后颜色会有部分损失（从 CMYK 转到 RGB 则没有损失），但它也是唯一能用来进行四色分色印刷的颜色标准。

3. Lab 模式

Lab 模式的原型是由 CIE 协会在 1931 年制定的一个衡量颜色的标准，在 1976 年被重新定义并命名为 CIELab。此模式解决了由于不同的显示器和打印设备所造成的颜色扶植的差异，也就是说它对色彩的显示不依赖于设备。

Lab 颜色是以一个亮度分量 L 及两个颜色分量 a 和 b 来表示颜色的。其中 L 的取值范围是 0~100，a 分量代表由绿色到红色的光谱变化，而 b 分量代表由蓝色到黄色的光谱变化，a 和 b 的取值范围均为-120~120。

如图 2-6 所示，Lab 模式所包含的颜色范围最广，能够包含所有的 RGB 和 CMYK 模式中的颜色。CMYK 模式所包含的颜色最少，有些在屏幕上能实现的颜色在印刷品上却无法实现。

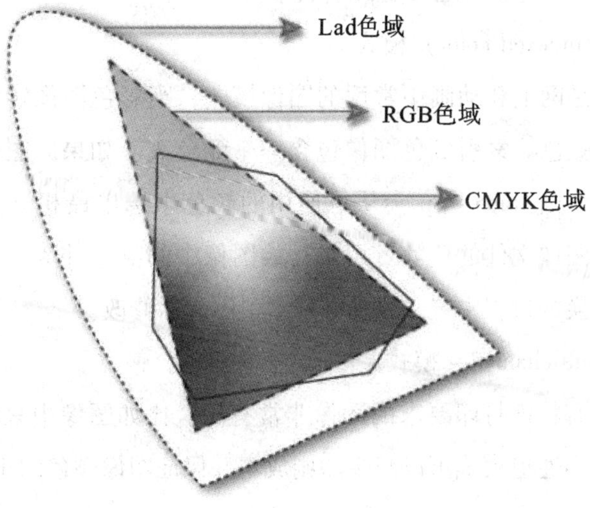

图 2-6　三种模式的颜色范围

4. HSB 模式

我们大脑对色彩的直觉感知，首先是色相，然后是它的深浅度。比如晴空，我们首先想到蓝色，然后是浅蓝色。HSB 模式就是基于人眼对色彩的观察来定义的，在此模式中，所有的颜色都用色相（色环 0~359 度）、饱和度（灰度比例 0%~100%）、亮度（黑 0%~白 100%）三个特性来描述。

它是由 RGB 三基色转换为 Lab 模式，再在 Lab 模式的基础上考虑了人对颜色的心理感受这一因素而转换成的。因此这种颜色模式比较符合人的视觉感受，让人觉得更加直观一些。

5. 位图（bitmap）模式

位图模式是用两种颜色（黑和白）来表示图像中的像素。位图模式的图像也称为黑白图像。

6. 灰度（grayscale）模式

灰度模式可以使用多达 256 级灰度来表现图像，使图像的过渡更平滑细腻。灰度图像的每个像素有一个 0（黑色）到 255（白色）之间的亮度值。灰度值也可以用黑色油墨覆盖的百分比来表示（0%等于白色，100%等于黑色）。

7. 双色调（duotone）模式

双色调模式采用 2~4 种彩色油墨来创建由双色调（两种颜色）、三色调（三种颜色）和四色调（四种颜色）混合其色阶组成的图像。在将灰度图像转换为双色调模式的过程中，可以对色调进行编辑，产生特殊的效果。而使用双色调模式最主要的用途是使用尽量少的颜色表现尽量多的颜色层次，这对于减少印刷成本是很重要的，因为在印刷时，每增加一种色调都需要更高的成本。

8. 索引颜色（indexed color）模式

索引颜色模式是网上和动画中常用的图像模式，当彩色图像转换为索引颜色的图像后包含近 256 种颜色。索引颜色图像包含一个颜色表。如果原图像中的颜色不能用这 256 种颜色表现，则 Photoshop 会从可使用的颜色中选出最相近颜色来模拟这些颜色，这样可以减小图像文件的尺寸。用来存放图像中的颜色并为这些颜色建立颜色索引，颜色表可在转换的过程中定义或在声称索引图像后修改。

9. 多通道（multichannel）模式

多通道模式对有特殊打印要求的图像非常有用。比如图像中只使用了一两种或两三种颜色时，使用多通道模式可以减少印刷成本并保证图像颜色的正确输出。

四、正确选择色彩模式

1. RGB 与 CMYK 两大色彩模式

RGB 色彩模式是发光的，存在于屏幕等显示设备中。如果图像只在电脑这样的虚拟世界里显示，就应该选择 RGB 色彩模式。

CMYK 色彩模式是反光的，需要辅助外界光源才能被感知，它是印刷品的色彩模式。如果图像需要打印或者印刷，就必须使用 CMYK 模式，才可确保印刷品颜色与设计时一致。且不同品牌打印机的油墨颜色不同，最后印刷品的颜色也可能与设计有出入。

彩通（Pantone）是美国著名的油墨品牌，它把自己生产的所有油墨都做成了色谱、色卡，Pantone 的色卡因此成为一种公认的颜色交流语言。该公司的创始人开发了一种革新性的色彩系统，可以对色彩进行的识别、配比和交流，从而解决关于制图行业制造精确色彩配比的问题。几十年来，Pantone 已经将其配色系统延伸到色彩占有重要地位的各行各业，如数码技术、纺织、塑胶、建筑和室内装饰及涂料等，PS 中都有 Pantone 色库。如今 Pantone 已成为一家以专门开发和研究色彩而闻名全球的权威机构。

2. 8 位/16 位/32 位通道

在 PS 中选择了灰度、RGB、CMYK 和 Lab 色彩模式后，下面就会出现色彩位数的选项：8 位/16 位/32 位通道。可以使用 16 位通道来代替默认的 8 位通道，根据默认情况，8 位通道中的每种原色（红绿蓝）都包含 256 个色阶，如果增到 16 位，那么每个通道中的每种原色的色阶数量就为 65 536 个，这样就能得到更多的色彩细节。但与此同时，计算机的处理速度会因为文件太大而降下来，从而降低了制图速度。

PS 拾色器中的 RGB 在默认 8 位色彩位数时，三色分别为 0~255 个色阶，即 256 种色（2 的 8 次方），三色组合的色彩数用数字排列组合有 256×256×256 种颜色（可得 2 的 24 次方），即总数达 16 777 216 种颜色，而且经过科学家的验证这么多色彩数几乎将自然界中所有的颜色都真实还原出来了，所以当计算机的显卡在达到能够处理 24 位色彩数时专门打括号标示为“24 位（真彩）”。

一般情况下，8 位通道的颜色数已经足够我们平时使用了，而 16 位色彩一般用于数字高清电影制作或者角色动画游戏制作中，32 位色彩一般用于更高级的专业设计中，而且这么多的色彩肉眼已经不是很能分辨其细腻程度了。

3. Web 安全色

不同的平台（Mac、PC 等）有不同的调色板，不同的浏览器也有自己的调色板。这就意味着同一幅图，显示在 Mac 上的 Web 浏览器中的图像，与它显示在 PC 上相同浏览器中的效果可能差别很大。为了解决 Web 调色板的问题，人们一致通过了一组在所有浏览器中都类似的 Web 安全颜色。我们通常认为总共有 216 种颜色，但测试的结果揭示，至少在目前仅有 212 种 Web 安全颜色。

实验二　图形图像的处理

一、实验目的

（1）能够对 Photoshop 进行基本操作。

（2）掌握图像处理软件 Photoshop 的三种特效。

（3）能使用 Photoshop 抠像。

二、实验准备知识

1. 色阶

色阶是表示图像亮度强弱的指数标准，色阶指亮度，和颜色无关，色阶表现了一幅图的明暗关系。色阶是通过统计照片明暗像素的数量，来计算和表达照片曝光情况的一种方法。

2. 通道

每个 Photoshop 图像都具有一个或多个通道，每个通道都存放着图像中颜色元素的信息。图像中默认的颜色通道数取决于其色彩模式。比如 RGB 色彩模式图像至少有三个通道，分别代表红、绿、蓝色信息。通道是 Photoshop 处理图像的核心部分，所有的色彩调整工具都是间接在对通道灰度图进行调整。

除了这些默认颜色通道，还有一个称为 Alpha 通道的额外通道，通常我们也将它添加到图像中，以便将选区作为蒙版存放和编辑，并且可添加专色通道。

3. 路径

路径在 Photoshop 中是使用贝赛尔曲线所构成的一段闭合或者开放的曲线段。使用 Pen（钢笔）工具创建，并使用 Pen 工具的同级其他工具进行修改。

4. 图层

图层就像是含有文字或图形等元素的胶片，一张张按顺序叠放在一起，组合起来形成页面的最终效果。图层可以将页面上的元素精确定位，图层中可以加入文本、图片、表格、插件，也可以在里面再嵌套图层。PS 正是因为图层而成名，将图像分散为几个图层，哪个图层出问题处理哪个图层即可。

5. 滤镜

滤镜是已编好的小程序，使用时只需要直接执行这些命令即可，它的功能主要是可以快速实现图像的各种特殊效果。

三、实验内容

如图 2-7 所示，该界面为 Photoshop 启动后的主界面，横排为菜单栏，左侧一列为工具箱。

图 2-7　Photoshop 的主界面

内容一：图像文件的转换

（1）启动 Photoshop，单击菜单栏中［文件］→［打开］名为“内容一.psd”的文件，打开后可看到右边的图层窗口显示有十个图层。

（2）单击［文件］→［存储为］，在弹出的窗口中定好路径（不要保存在当前路径）后，再在［保存类型］分别设置格式为 BMP、GIF、JPEG、PNG、TIFF，以格式为文件名后点击［确定］以不同的格式保存。

（3）单击［文件］→［打开］弹出窗口，用鼠标右键点选刚保存的不同格式文件，在弹出的下拉菜单中单击“属性”，察看［属性］窗口中文件的大小，仔细比较六种格式的文件大小。

（4）在［打开］窗口中，按住键盘的［Shift］键将同一图像六种格式的文件选中后点［打开］按钮一次性打开，再分别单击这六个文件观察图层情况。

内容二：图像的物理变换功能

（1）打开文件“内容二 1.jpg”，单击菜单栏［图像］→［图像大小］在弹出的窗口中更改分辨率，观察尺寸、宽度或高度的变化。

（2）单击［图像］→［旋转画布］→［逆时针 90 度］。

（3）选择工具箱中［裁剪工具］，再在图像上用鼠标调整剪切范围（打开文件“内容二 2.jpg”进行比对），调整范围后随便点击工具箱的任一工具会弹出咨询窗口，点击［裁剪］按钮。

（4）在图层面板上用鼠标拖动“背景”图层到［创建新图层］按钮上复制成名为“背景 拷贝”的新图层，分别选择“背景”和“背景 拷贝”图层后单击菜单栏［编辑］弹出菜单，观察［自由变换］和［变换］两项是否被激活。

说明：出于对原图像的保护，刚开启的图像会被默认为背景层，并处于锁定状态。最好的做法是将原图像复制为新的图层进行编辑，并将原背景层关闭。下面的实验虽未强调复制原始图层，但请大家自行养成好习惯。

（5）打开文件“内容二 3.jpg”，复制图层后，确定复制图层被点选上，单击［编辑］→［变换］→［变形］后，将鼠标移至图像任意位置，按下鼠标左键不松开移动鼠标，观察图像变化。

内容三：图像的图层混合特效

（一）使用图层混合模式显示细节

（1）打开文件“内容三 1.jpg”，将“背景”层拖到上复制图层“背景拷贝”。

（2）确定“背景拷贝”图层处于被选择的状态，点击图层面板上的正常将此图层的混合图层模式设置为“滤色”。

（3）将复制的图层拖到上再次复制（可多复制几次），仔细观察图像的变化。

（二）使用图层混合模式制作单色照片效果

（1）打开文件“内容三 2.jpg”，复制图层，单击背景图层前的［指示图层可见性］标示关闭原始图图层。

（2）选择复制的图层，点击［图层］→［新建填充图层］→［纯色］弹出窗口中点［确定］按钮（或直接点击图层面板中［创建新的填充或调整图层］按钮，在弹出菜单中选择“纯色”命令创建新图层）。

（3）再在弹出的［拾色器］窗口中任选一色彩，单击［确定］得到一个单色图层“颜色填充 1”。

（4）确定新图层处于被选择的状态，通过正常将其混合模式选择为“颜色”，得到了单色照片。

（5）仍然选择图层“颜色填充 1”，按 Ctrl+Alt+Shift+E 键，则将当前所有可见图层合并至一个新图层中，得到“图层 2”，通过正常设置其混合模式为“柔光”。单击此图层前关闭和开启此图层，观察图像的区别。

（三）使用图层混合模式给图像调色

（1）打开文件“内容三 3.jpg”，复制图层。

（2）确选复制图层，点击图层面板中按钮，在弹出菜单中选择“通道混合器”命令创建新图层。

（3）图层面板上出现名为“通道混合器 1”的新图层，并处于选择状态，其属性面板［输出通道］选择“蓝”通道，移动［红色］和［绿色］百分比滑块，直到图像中的白色显示正常（必须根据图像的偏色状态选择合适的颜色通道）。

（四）使用混合图层模式的常规和高级混合

（1）打开文件“内容三 4.jpg”和“内容三 5.jpg”，并将两幅图像从停靠坞拖出，选择移动工具，将鼠标移到文件“内容三 4”的图像上，按住鼠标左键拖动图像到文件“内容三 5”的图像上，该图像自动添加成为“图层 1”的图层。

（2）确定“图层 1”处于被选择的状态，单击菜单栏［图层］→［图层样式］→［混合选项］弹出［图层样式］窗口（或直接鼠标左键双击图层面板“图层 1”图层），如图 2-9 所示。

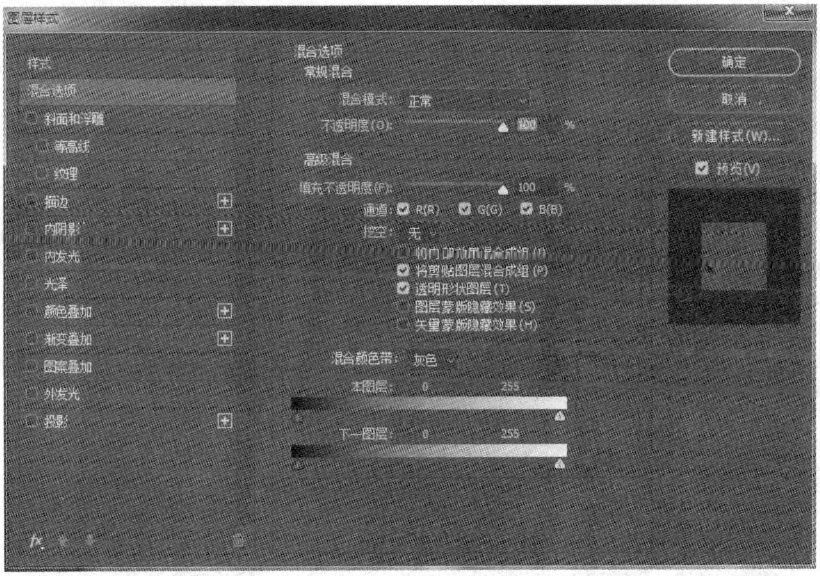

图 2-9　设置混合的图层样式

（3）这时［常规混合］下的［混合模式］为“正常”，调节［不透明］滑块为“50%”（图层面板上的不透明度：100%也会做相应改变），观察图像变化后将其恢复为“100%”；再调节［高级混合］下的［填充不透明度］滑块为“50%”（图层面板上的填充：100%也会做相应改变），观察图像变化后也恢复为“100%”。

（4）改变［混合模式］为“颜色加深”，再分别改变其［不透明度］和［填充不透明度］到“50%”（与上一步操作相同）。仔细观察这层图像的两次变化情况与上一步实验中两次变化情况的不同。

（5）混合图像时精确到像素级别：接上一步的实验，移动［混合颜色带］下［本图层］和［下一图层］的半三角滑块，观察图像变化；按住 Alt 键后再用鼠标移到的刚才的半三角滑块，左右移动被分开的滑块，观察图像变化情况。

内容四：图像的图层样式特效

（一）使用图层样式制作图像凹陷效果

（1）打开文件“实验四 1.jpg”“实验四 2.psd”，使用移动工具将“实验四 2”的图像拖至“实验四 1”图像中，得到“图层 1”，再将其移动到中间位置。

（2）设置“图层 1”图层面板上［填充］数值为“30%”。

（3）单击［图层］→［图层样式］→［斜面和浮雕］（或点击［添加图层样式］按钮，在弹出的菜单中选择“斜面和浮雕”命令）（或用鼠标左键双击图层面板的当前图层），［图层样式］窗口具体设置如图 2-10 所示：

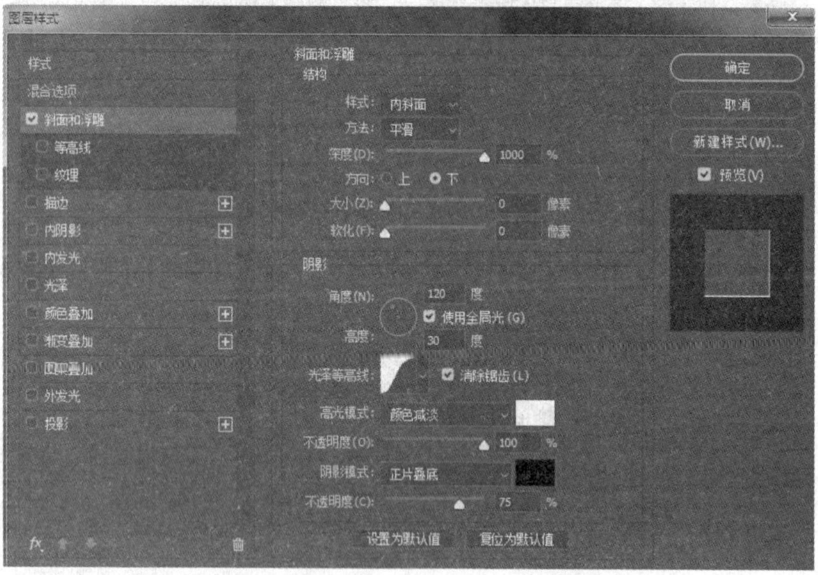

图 2-10 设置“斜面和浮雕”的图层样式

（4）再在此窗口中选择“内阴影”选项，具体设置如图 2-11 所示。

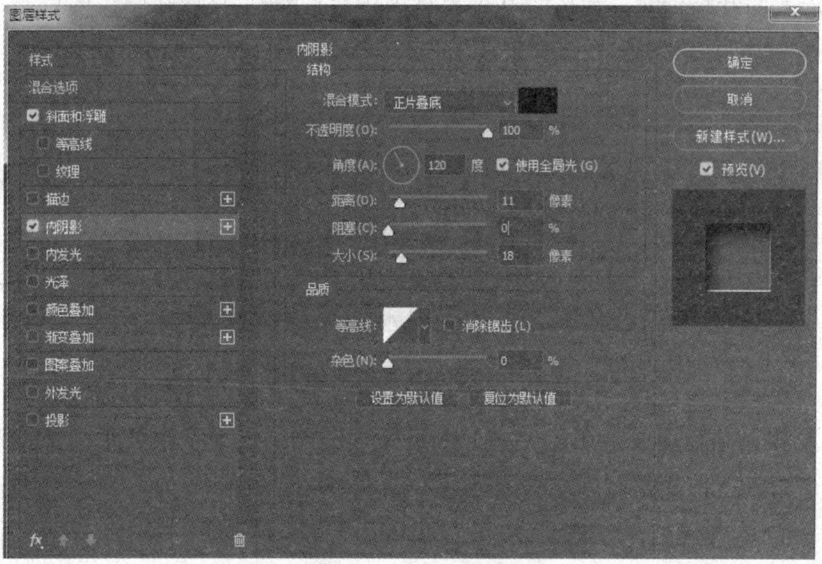

图 2-11　设置“内阴影”的图层模式

（5）点［确定］按钮，则呈现出如图 2-12 所示的凹陷效果。

图 2-12　凹陷效果图

（二）图层样式的复制（接着上面继续操作）

（1）单击工具箱左上方的方形设置前景色为黑色，选择［文字工具］后鼠标在图像上点击一下，输入“Vision”得到一个文字图层，单击菜单栏［窗口］→［字符］打开［字符］窗口设置适当的字体与字号（100 点）。

（2）在“图层 1”的图层上单击鼠标右键，在弹出菜单中选择“拷贝图层样式”命令。

（3）返回文字图层，并在其图层上也单击鼠标右键，在弹出的菜单中选择“粘贴图层样式”命令，本图层文本也就具有与“图层 1”一致的图层样式了。

（三）使用图层样式模拟璀璨光芒效果

（1）打开文件“实验四 3.psd”，单击［编辑］→［定义画笔预设］，在弹出的对话框中单击［确定］，关闭“实验四 3”。

（2）打开文件“实验四 4.jpg”，选择钢笔工具并在工具选项 路径 确定是“路径”，在图像中间绘制三条独立的路径，如图 2-13 中的线所示。（选择两点成一线后需要断开路径时，长按在弹出选项中点选工具后在图像内单击，再重新选回画第二条。）

图 2-13　图像绘制的效果路径

（3）切换到路径面板，在名为“工作路径”的路径层下空白处单击下，观察图像变化，然后重新点选此路径再观察。

（4）选择［画笔工具］，按 F5 键弹出［画笔设置］窗口，选择第一步定义的画笔图案，然后按图 2-14 所示进行参数设置。

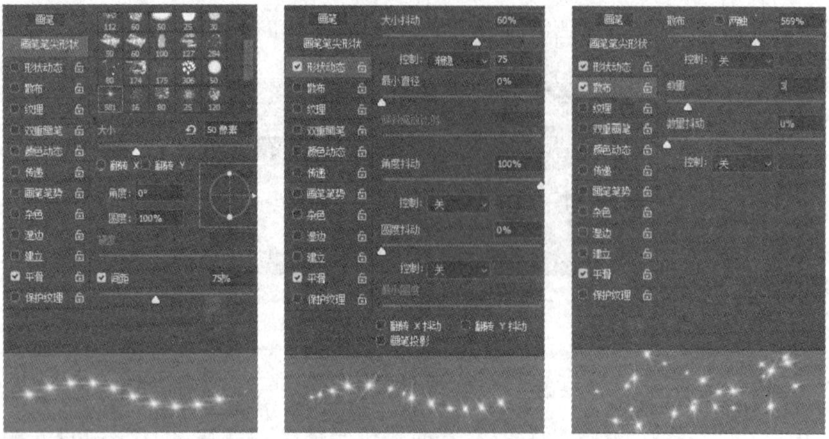

图 2-14　画笔的参数设置

（5）在图层面板点击新建一个图层“图层 1”并选定此图层，设置前景色为白色，确定画笔工具处于被选择状态后，切换至路径面板，单击面板下方的［用画笔描边路径］按钮两次（或用鼠标右键点击路径层弹出菜单选择“描边路径”，在弹出的窗口中［工具］选“画笔”后点［确定］）。

（6）为使星光看起来更发散，保持上面设置的画笔参数不变，然后在［画笔］窗口中选择［散布］选项，并设置其中的［散布］值为“1 000%”，再切换到路径面板单击一次。

（7）绘制中心位置的星光图像。由于中心星星数量较多，需要重新定义画笔，其他参数不变，将［画笔笔尖形状］选项的［间距］改为“25%”，［散布］选项的［散布］数值改为 200%。

（8）切换到路径面板，选择工具将左右两侧的路径点键盘的［Delete］键删除，回到图层面板然后确定“图层 1”也处于被选择状态，切回路径面板再单击面板下方的 4 次。

（9）点选“图层 1”单击在弹出的菜单中选择“外发光”，具体参数设置如图 2-15 所示。

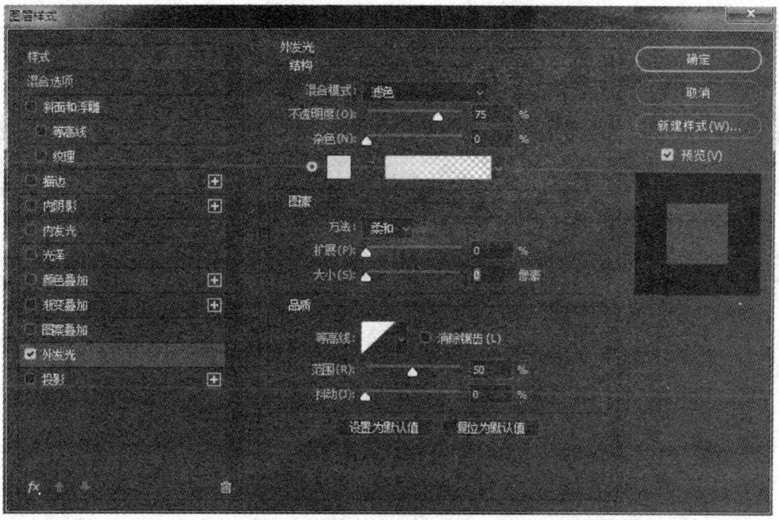

图 2-15 “外发光”的参数设置

（10）确定路径面板中的路径层被关闭，观察图像最后效果。

内容五：图像的滤镜特效

（1）打开文件“内容五.jpg”，单击菜单栏［滤镜］→［纹理］→［颗粒］会弹出一个窗口（如图 2-16 所示）：

图 2-16 滤镜下“颗粒”模式的显示界面

（2）选择不同的滤镜，并改变其参数设置，看看图像有什么变化，明确各个滤镜能做什么特效。

内容六：图像的选区选择（抠像）

（一）选框工具和魔棒工具

（1）打开文件“内容六 1.jpg”，用［矩形选框工具］在图像上绘制一个矩形选区将图像中的少女全框选住。

（2）选择［魔棒工具］并在工具属性栏将其参数设置为，按住 Alt 键，在图像虚线矩形选区以内、人物身体以外的区域进行单击，直至选区减到只留下应该选中人物为止。

（3）单击［编辑］→［拷贝］，再单击［编辑］→［粘贴］出现一新图层“图层 1”，点击“背景”图层的关闭该图层，这时可以看到“图层 1”是图像中人物的抠像。

（二）路径工具

（1）打开文件“内容六 2.jpg”，用路径工具沿着楼宇与天空相接的边缘进行路径的绘制，其细节处可通过使用缩放工具放大图像再进行绘制（最后一定将绘制路径形成一闭合回路，且中间不能有交叉）。

（2）还可以通过［添加锚点工具］［减少锚点工具］和［变换点工具］对绘制完的路径进行修正。

（3）确定“背景”图层也处于被选择状态，切换到路径面板，单击［将路径作为选区载入］按钮。

（4）回到图层面板单击［编辑］→［拷贝］，再单击［编辑］→［粘贴］出现一新图层“图层 1”，点击“背景”图层的关闭该图层，这时可以看到“图层 1”是图像中被抠出的部分。

（三）色彩通道

（1）打开文件“内容六 3.jpg”，确定“背景”图层处于被选择状态，切换到通道面板，选择“红”通道后单击［把通道作为选区载入］按钮，会出现虚线选区，此时回到图层面板并关闭“背景”图层前，单击新建“图层 1”并确定其处于被选择状态，设置前景色为 ff0000，选择［油漆桶工具］在图像空白处点一下（或按 Alt +Delete 键），观察图像，选择后在图像中点一下使虚线选区消失，最后关闭该图层。

（2）点击“背景”图层前重启图层并确定其处于被选择状态，切换到通道面板，选择“绿”通道后单击，又会出现虚线选区，此时回到图层面板关闭“背景”

图层，单击新建“图层 2”并确定其处于被选择状态，设置前景色为 00ff00，按 Alt+Delete 键，选择后在图像中点一下取消虚线选区，关闭该图层。

（3）再次开启和确选“背景”图层，切换到通道面板，选择“蓝”通道后单击，此时会弹出一警告窗口表示选区将不可见（注意：不可见不等于不存在），回到图层面板关闭“背景”层，单击新建“图层 3”并确定其处于选择，设置前景色为 0000ff 后按 Alt+Delete 键，观察图像后仍需选择在图像中点一下取消看不见的虚线选区，最后关闭该图层。

（4）点选“背景”层后单击新建“图层 4”并确定其处于被选择状态，选择前景色为黑色，选择工具将该图层填充为全黑。

（5）分别将“图层 1、2、3”开启并将图层混合模式都设置为“滤色”，关闭其他所有图层，按 Ctrl+Alt+Shift+E 键合并成“图层 5”。

（6）关闭“图层 1、2、3”，将“图层 4”开启，观察与“背景”图像是否一致，确定“图层 5”抠像成功与否。

（7）关闭“图层 4”，只保留“图层 5”保存为 PNG 和 JPEG 格式文件，两个文件关闭后再打开后观察两者的区别。

（四）Alpha 通道

（1）打开文件“内容六 4.jpg”，切换到通道面板，分别查看 RGB 三个通道，这里选择“蓝”通道。

（2）将“蓝”通道拖到复制得到“蓝拷贝”通道（既 Alpha 通道），确定只有此“蓝拷贝”通道处于被选择状态。

（3）单击菜单栏［图像］→［调整］→［色阶］弹出对话框，调整参数如图 2-17 所示，然后点［确定］。

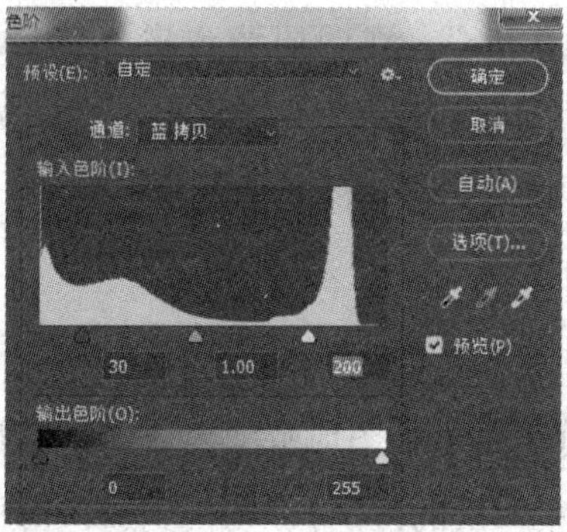

图 2-17　色阶参数设置图

（4）选择工具，将狮子图像内部区域涂黑，外部区域涂白，两色相交处一定保留本身的细节，直到如图 2-18 所示。

图 2-18　涂黑的狮子图像

（5）确定“蓝”通道处于被选择状态，单击按钮出现虚线选区，回到图层面板点选“背景”图层（或就在通道面板中单击 RGB 通道再切换到图层面板）。

（6）单击菜单栏［选择］→［反选］确定虚线选区是狮子，单击［编辑］→［拷贝］，再单击［编辑］→［粘贴］出现一新图层“图层 1”，关闭“背景”图层，观察“图层 1”抠像的边缘部分。

（五）调整边缘

（1）打开文件“内容六 5.jpg”，用套索工具沿要抠像的边缘进行描画，最后成一个封闭的虚线选区，点击工具属性栏［选择并遮住］按钮。

（2）选择弹出窗口的［调整边缘画笔工具］，调整画笔大小后，属性栏中［透明度］为“100%”，再沿边缘涂抹毛发（可用［缩放工具］放大图像后再边涂边调整）。

（3）涂抹完之后，点［确定］按钮，出现虚线选区，此时点击［编辑］→［复制］，再点击［编辑］→［粘贴］，新的图层出现，关闭原图层，观察抠出图像的边缘。

（六）蒙版（图层蒙版、矢量蒙版和剪贴蒙版）

（1）打开文件“内容六 6.jpg”，在图层蒙版将“背景”图层移到上三次得到“背景拷贝”“背景拷贝 2”“背景拷贝 3”三个新的图层，关闭“背景”图层。

（2）选择“背景拷贝”图层，将其他两个图层也关闭，单击［图层］→［图层蒙版］→［隐藏全部］，图像则消失。

（3）将前景色设置为白色，选择［椭圆选框工具］（长按出现此工具）设置其羽化值为羽化：20 像素　消除锯齿后在图像范围内拖出一椭圆选区，再选择工具在选区内点击（可多次点击，观察每次的区别），切换到通道面板和路径面板看看。

（4）确定通道面板中新增的图层仍处于被选择状态时回到图层面板，选择工具，在工具属性栏设置有柔化边缘的画笔形状，确定前景色为白，在图像上按鼠标左键拖动看效果，再将前景色改为黑，再在图像上拖动鼠标看效果，最后关闭此图层。

（5）将“背景拷贝 2”图层开启，单击［图层］→［矢量蒙版］→［隐藏全部］，图像则消失。选择工具在图像范围内点击形成一个闭合的路径，观察点击过程中的情况。切换到通道面板和路径面板看看变化，再关闭此图层。

（6）将“背景拷贝 3”图层开启，单击新建“图层 1”，选择工具在新建图层中输入“学号+姓名”，设置适当的字体与字号后，将此图层拖到“背景拷贝 3”图层的下面。

（7）确选“背景拷贝 3”图层，单击［图层］→［创建剪贴蒙版］，按 Ctrl+Alt+Shift+E 键将可视图层合并成“图层 2”。关闭其他图层，鼠标右键双击“图层 2”图层打开［图层样式］窗口，为其添加“斜面和浮雕”效果，开启“背景”图层，观察最后效果。

作业要求：将前五个内容进行抠像处理后提交 PNG 文件，蒙版提交 PSD 文件。

内容七：图片的批处理

（1）将要处理的照片合并到一个文件夹，再在桌面上新建一个文件夹取名为“缩小的图片”。

（2）开启 PS，点击［窗口］→［动作］，在弹出的“动作”窗口点击，如用默认名称“动作 1”直接点［记录］按钮，进入动作录制状态（动作面板的录制按钮已处于开启状态）。

（3）点击［文件］→［打开］任意一张要处理的照片，再点击［图像］→［图像大小］，在窗口中将宽度与高度都变小后点［确定］按钮。

（4）点击［文件］→［存储为］，在弹出的窗口中将文件存到刚才设置的文件夹中。

（5）点击关闭这个图像文件，再点击［动作窗口］的［停止］按钮，结束动作录制。

（6）点击［文件］→［自动］→［批处理］，在弹开的窗口中点击［源］下的“选择”按钮，找到你要处理的照片的文件夹（所以之前必须把要处理的照片合并到一个文件夹），点击［目标］下的“选择”按钮，将刚才“缩小的图片”的文件夹保存在处理后照片存储的地方。

（7）一定要勾选［覆盖动作中的“打开”命令］和［覆盖动作中的“存储为”命令］，在弹出的提醒面板点“确定”，最后点击“确定”按钮，等待它自动对照片进行处理。

作业：打开文件“内容八 1.gif”“内容八 2.gif”“内容八 3.gif”，用前两个文件制作成第三个文件的图像样式，提交带图层结构的 PSD 文件。

第三章 视频

第一节 视频的基本原理

一、视频（动画）动的原理

视频和动画经常被认为是同一个东西，主要是由于它们都属于“动态图像”的范畴。动态图像是连续渐变的静态图像或者图形序列，沿时间轴顺次更换显示，从而产生运动视觉感受的媒体形式。

1. 视觉惰性

当有光脉冲刺激人眼时，视觉的建立和消失都需要一定的过程，即具有一定的惰性。光源消失以后，景物影响会在视觉中保留一段时间，这种现象称为视觉暂留或视觉惰性。视觉暂留时间在 0.05~0.2 秒。在荧光屏上，电视图像是由几十万个像素按一定顺序轮流发光形成的，然而人们看到的是每幅完整的画面整体都在发光，从而获得连续画面的印象，这正是视觉暂留效应的结果。

实验表明，若景物以间歇性光亮重复呈现，只要重复频率大于 20 赫兹，视觉上就会始终保留有景物存在的印象，该重复频率可称为融合频率。人眼感觉的连续性是活动画面有连续感的前提。将运动的物体图像连续分为若干幅稍有变化的静止图像，然后将这些静止的图像按照顺序快速传送，只要每两幅之间的传送时间小于人眼的视觉惰性时间（相应 20 幅/秒），人眼就会有看到连续动作的感觉，即实现了活动图像的传送。

2. 闪烁感觉和临界闪烁频率

如果周期性重复的脉冲光源作用到视网膜上，当脉冲光的重复频率不够高时，人眼会对之产生一明一暗交替变化的闪烁感觉。这是因为光源在有光和无光间变化时，人眼在亮度感觉上能辨识出它们的差异所致。

此外，我们把不再引起闪烁感觉的光源的最低重复频率称为临界闪烁频率，45.8Hz是电视图像不闪烁的最低重复频率。

实践证明，如果图像的传送速度不少于每秒钟传送48幅图像，则人眼就能有不闪烁的活动图像的感觉。如传送图像的速度低于此标准，人眼就会有明显的闪烁感，过高则会感到图像重叠。

电影技术中，每秒钟放映24幅图像，为使人眼不产生闪烁感，在实际放映中每幅图像连续出现两次，相当于每秒钟放映了48幅图像。

电视技术中，也采用类似的方法，每秒钟传送25幅图像，每幅分两次来传送，即相当于每秒传送了50幅图像。

二、3D视频立体的原理（4D、5D）

3D是英文“3 Dimensions”的简称，中文是指三维、三个维度、三个坐标，3D就是由X、Y、Z三个轴组成的空间。人的眼睛和身体感知到的这个世界都是三维立体的，并且具有丰富的色彩、光泽、表面、材质等外观质感。

世界因双眼而立体，人双眼大约相隔6.5厘米，观察物体时，两只眼睛从不同的位置和角度注视着物体，左眼和右眼在视网膜上成的像会微错位，大脑正是通过对比这两副不同的“影像”自动区分物体的距离远近，从而产生强烈的立体感。引起这种立体感觉的效应叫作“视觉位移”。

对于远离我们的物体，两眼的视线几乎是平行的，视差位移接近于零，所以我们很难判断这个物体的距离，更不会对它产生立体的感觉了。比如夜望星空你会感觉到天上所有的星星似乎都在同一平面上，分不清远近，这就是视差位移为零造成的结果。当然，如果只用一只眼看事物的话，也就无所谓视差位移，也更无法产生立体感了。

人们一直在探索还原真实的3D世界，如油画、3D地画、3D全息投影等，特别是基于电脑的三维数字化技术，使人们对现实三维世界的认识重新回到了原始的直观立体的境界。但计算机里显示的3D图形，其实是在平面里显示三维图形，不像现实世界里有真实的三维空间，有真实的距离空间。我们之所以能欣赏到如实物般的三维图像，是因为显示在计算机屏幕上的色彩灰度的不同使人眼产生视觉上的错觉，从而将二维的计算机屏幕感知为三维图像。

3D技术的应用有面向影视动画、动漫、游戏等视觉表现类的文化艺术类产品的开发和制作，最具有代表性的就是3D立体电影，即立体电影。现阶段影院已发展到5D，即从3D到4D变化强调的是动感，而4D到5D增加的是除视觉、听觉以外其他的感触效果。因此，5D 具有 3D、4D 所拥有的全部设备和特殊效果。

三、VR 虚拟现实视频的原理

VR 全称 Virtual Reality，即虚拟现实。利用计算机和各种传感技术，能够提供与现实环境同样的视觉、听觉、触觉等感官体验，使人能够在模拟的现实环境中进行各种活动。VR 还强调 360 度全景交互，不仅有强烈的沉浸感和立体感，更重要的是允许用户和虚拟世界进行交互。

第二节　视频的常见参数

一、帧频

15 帧/秒一般是动画的帧频。

24 帧/秒是电影的帧频。

25 帧/秒和 29. 97 帧/秒是电视的帧频，是两种电视制式的产物。

30 帧/秒是黑白电视时期选择扫描 525 行国家的帧频。

23. 976 帧/秒是家庭影院（DVD）的帧频。要将电影做成光盘，那么电影的帧频就必须与电视的帧频匹配，即通过 3-2 PULLDOWN 等办法把 24 个电影帧转成 29. 97 个视频帧，做在光盘上的视频帧频就成了 23. 976 帧/秒。

1. 电视的发展史

第一代是黑白电视，第二代是彩色电视，第三代是高清晰度电视（数字电视诞生在此时期），第四代是激光电视。

2. 电视制式

第二代彩色电视的诞生，就是采用了红绿蓝三色子像素来还原真实的世界。当时很多家庭还在使用黑白电视，但如果电视台只传送三色信号的话，黑白电视就无法正常显示了，于是科学家们做了一个数字游戏，将彩色电视信号 RGB 变成了一个 Y 亮度信号、一个红色差信号和一个蓝色差信号。黑白电视接收 Y 亮度信号就能正常显示黑白图像，彩色电视则通过这三个信号换算成 RGB 三色给各自的子像素。

电视制式是指通过何种方式将 Y 亮度信号和两个色差信号加载在高频载波上进行传送。NTSC、PAL、SECAM 是当时的三大电视制式，我国是 PAL 制，日、美都是 NTSC 制。一个国家选定了制式后，全国无论发送端电视台或是接收的电视机都得保持一致，所以制式不同的两个国家的视频是不兼容的。

二、隔行扫描和逐行扫描

黑白时期的电视是CRT电视，扫描时受技术（电子束的偏转角度）的限制，在受电影24帧播两次的启发后，采用隔行扫描，即分成奇数场和偶数场两场完成（电子束先轰击完奇数行的荧光像素点再去轰击偶数行的荧光像素点）。在计算机诞生时，显示器因近距离观看必须避免闪烁，逐行扫描开始登场，由于技术升级同尺寸的CRT显示器比电视机价格昂贵得多。

现在的数字电视（以液晶、LED为代表）的数据是点对点的传送，所谓的隔行是指先接收到奇数场信号，再接收到偶数场信号，合起来后再一同发送到像素点上；逐行则指信号同时到达同时发送。隔行和逐行已不再是指扫描方式，所谓逐行的数字电视指能够实时处理的数据量更大，所以价格会高于隔行的。

在数字视频后期处理软件中，隔行和逐行在数据处理上是没有区别的，即视频文件的容量不受此选项的影响。

三、视频的宽高比

电视视频的宽高比有两种，电影视频的宽高比则比较复杂。

1. 电视视频的宽高比（4∶3、16∶9）

电视诞生之初，电影屏幕的宽高比是4∶3，电视自然而然也要沿用相同的屏幕比例。科学家也进行了测试，发现屏幕高度和观看距离为1∶4、整个屏幕幅型比为4∶3时，屏幕恰好落入垂直视线角为15°、水平视线角为20°的区域，此时人眼的分辨力最高。因此宽高比为4∶3的电视占据着主要市场。

有科学家又从别的角度进行测试，发现整个屏幕幅型比为16∶9时画面对人的心理产生的冲击力最强。当时也有宽高比为16∶9的电视，且主要集中在欧洲，因此又称为欧式电视。

数字电视的诞生所带来的不仅是数字化传输方式的改变与影音的优异，还有大屏幕电视的实现，促使电视生产商改变屏幕比例，以符合人体工学达到良好的视觉效果。因此现在市场上都是宽高比为16∶9的大电视。

2. 电影视频的宽高比（1.33∶1、1.85∶1、2.35∶1）

过去电影是用胶片来拍摄的，常见的电影胶片有16mm、35mm、70mm和70mm IMAX胶片。胶片是按照宽度来命名的，除了IMAX，其他胶片都是竖着放映的。

屏幕宽高比的首次出现归功于威廉·肯尼迪·迪克逊（William Kennedy Dickson），他使用35mm的胶片，选定了一个四孔的高度影像。最后那张图像成了4∶3的画面宽高比，即 1.33∶1 比例，谁也不知道他为什么选定了 4∶3。但在电影专利信托公司的宣传下，这一设定在电影制作和放映上实现了初次通行。

1932 年电影艺术与科学学院投票决议，声明为了给音轨留下空间，影像在胶片上下两端屏蔽而呼应 1.37 画面宽高比例。这个银幕尺寸称为学院画面比，这也成为电影的新标准。

20 世纪 50 年代电视崛起，为把观众抢回电影院，电影业开始了诸多革新，其中堪称革命性的进步就是发明了彩色电影和宽银幕，因为它们根本性地改变了人类的视觉感受。

一种叫“CinemaScope”的宽银幕系统是福克斯首先推出的。这种宽银幕电影在拍摄的时候，用一种变形镜头（Anamorphic Lens），把拍摄画面的宽度“挤压”一半在胶片上成像。在后期处理中，“挤压画面”不发生变化，然后加上声轨，做成放映拷贝。在影院放映的时候，再用一台带“反变形镜头”的放映机，把压缩的画面“拉伸”成一个正常的画面。这就是“变形宽银幕”的原理，这个原理一直沿用至今。

同时期的派拉蒙没有宽银幕技术，于是他自创了一个“遮幅宽银幕”（Flat Wide screen），即把 1.37 的画面上下各挡掉一块，画面就“宽”了。现在看这种方法挺拙劣的，没什么技术含量，但当时就不同了，起码不用花钱，其他制片商纷纷效仿。但各家对于遮去多少画面的做法并不统一，派拉蒙遮成 1.66，米高梅遮成 1.75，环球和哥伦比亚遮成 1.85。最后大家把遮幅画面宽高比统一为 1.85∶1，当时还起了个名称叫“全景宽银幕”（Panoramic）来炒作市场。从此，宽高比 1.85 的宽银幕成为电影画面的标准之一。

福克斯的 CinemaScope 宽银幕系统虽然是革命性进步，但它的镜头成像系统并不完善，尤其在拍摄特写的时候会出现图像扭曲的情况。一个叫 Panavision（简称 Pana）的厂牌，开发了一款可以兼顾 1.37 画面和 2.35 画面的放映机镜头，并随着在光学设计和制造能力上的增强，推出了 Auto Panastar 变形宽银幕摄影机，解决了变形宽银幕一直存在的问题。如今，Pana 垄断着变形宽银幕前期拍摄的市场，好莱坞的发行商和院线都偏好 2.35 宽银幕，因此 2.35∶1 也成为现今主流电影的宽高比。

四、图像的分解力、分辨率和清晰度

分解力指设备传送图像细节的能力，可以用调制度或可分辨的电视线数来表示。如垂直分解力指沿图像垂直方向系统能分解的黑白相间的条纹数（扫描行数），水平分解力指沿图像水平方向系统能分解的黑白相间的条纹数。

分辨率是指在摄录、传输和显示过程中所使用的图像质量记录指标，以及显示设备自身具有的表现图像细致程度的固有屏幕结构，说具体点就是指单幅图像信号的扫描格式和显示设备的像素规格。

清晰度是指人眼宏观看到的图像的清晰程度，它是由系统和设备的客观性能的综合结果造成的人们对最终图像的主观感觉。

图像清晰度 = 信号源的图像质量
× 处理电路的处理水平
× 显示方式的显像质量

分解力和分辨率是不同时期对硬件设备指标的称呼。清晰度是建立在这个基础之上，即清晰度的参数永远不可能超过分解力。比如 575 行隔行扫描的清晰度根据公式应该是：575×3/4，相当于 430 行逐行扫描的清晰度。但人们早已习惯用清晰度指代上述三者。

1. 扫描行数 Z 的确定

扫描行数的确定，主要考虑图像的清晰度与图像信号带宽两方面的因素。当行数 Z 增加时，图像清晰度增加。由于图像信号带宽 Δf 与行数 Z 的平方成正比，行数增加会使带宽急剧增加，并导致电视设备变得复杂化。

当人眼分辨角为 1′、1. 5′和 2′时，电视图像垂直方向（对应视线角为 15°）极限的清晰度应为 900 线、600 线和 450 线。为了折中考虑，当时的广播电视一般取 525 行和 625 行，我国广播电视采用 625 行（有效行数 576 行），日美选择的 525 行（有效行数 486 行）。

我们之所以总是先关注垂直方向的参数，是由我们人眼的生理特性决定的。科学家经过证实发现，由于垂直方向的视角更窄，其对清晰度的标准要高于水平方向的，所以制作电视机时应先定好垂直方向的扫描行数（像素数），再根据宽高比设置水平方向的像素是多少。

2. 像素比（标清、高清）

视频以清晰度划分，分为低清、标清、高清和超高清。

所谓标清，指垂直方向的物理分辨率在 720p 以下的视频。具体指分辨率在 400 线左右的 DVD、电视节目等“标清”视频，即是标准清晰度。

标清视频的常见像素比：720×576、720×480。

高清（High Definition，简称 HD）是指垂直方向的物理分辨率达到 720p 以上的视频。关于高清的标准，国际上公认的有两条，即视频垂直分辨率超过 720p 或 1080i，宽高比为 16∶9。

高清视频的常见像素比：1 280×720、1 440×1 080、1 920×1 080。

其中，1 920×1 080 又被称为全高清；超高清是指以 4K 为代表的视频，其像素比为 3 840×2 160、4 096×2 304。

第三节　视频的摄、录、编

一、摄像机的成像原理

摄像机是一种把景物光像转变为电信号的装置。完成这个过程最重要的元件是CCD或CMOS传感器，通过它们的光—电转换得到图像像素点的电信号。

二、视频的存储原理

模拟时代的像素点将电信号通过电—磁转换得到磁信号（连续的）并将其记录在磁带上，磁带上的磁偏转大小与信号的强弱相关；进入数字时代后，电信号通过采样、量化和压缩编码（与声音一样）转变为数字信号（0、1）保存起来。

所谓的模拟和数字其实指的就是视频存储原理的不同，数字替代模拟的原因是数字信号在传输过程中没有信号的衰减，传输不再受载波频段限制，更容易实现高清。

1. 视频的数字化（采样、量化）

视频数字化与声音数字化其实原理是一样的（光波），只是更复杂些。将视频图像的像素点按照亮度、红色差、蓝色差三种信号分别进行采样，比如CCIR601电视演播室数字编码的国际标准为4∶2∶2。根据这个标准，也就是指亮度信号采样频率是13.5MHz，而色差信号Cr、Cb的带宽比亮度信号窄得多，所以两个色差信号的抽样频率均为亮度信号的一半，即6.75MHZ，这样亮度信号与两个色差信号的采样频率之比为4∶2∶2，量化比特为8bit。

2. 数字视频的压缩编码标准

国际上音视频编解码标准主要有两大系列：一是由ISO/IECJTC1制定的MPEG系列标准；二是由ITU针对多媒体通信制定的H.26x系列视频编码标准。常见数字视频编码标准有以下几种。

（1）MPEG-1。MPEG-1是ISO开发的第一个视频压缩算法。MPEG-1主要应用在数字媒体上动态图像与音频的存储与检索，如速率为1.15Mbps、采用SIF分辨率的VCD。

（2）MPEG-2。MPEG-2是专门针对数字电视而开发的，很快便成为迄今最成功的视频压缩标准。数字电视、DVD以及后来的高清电视、蓝光光盘等都采用此压缩编码。

（3）MPEG-4。MPEG-4 由 ISO 提出，以延续 MPEG-2 的成功。MPEG-4 用最少的数据获得最佳的图像质量，因此满足了低码率应用的需求，所以最初用于因特网数据流。

由于各个商业集团的纷争，MPEG-4 的标准比较混乱，基于 MPEG-4 的常见标准有 DivX 和 XviD，而且这两者版本型号众多，导致兼容性很差；且采用 MPEG-4 压缩的视频文件一般后缀名为. avi，很容易与微软的 AVI 格式混淆，用户较难直接辨认。

（4）H. 264/ MPEG4-AVC。视频编码技术在过去几年最重要的成就就是由 ITU 和 ISO/IEC 的联合视频小组（JVT）开发了 H. 264/ MPEG4-AVC 标准。它最具价值的部分无疑是具有更高的数据压缩比，在同等的图像质量条件下，H. 264 的数据压缩比能比 MPEG-2 高 2~3 倍，比 MPEG-4 高 1. 5~2 倍。现今应用范围最广的视频编码技术，有 3G 手机、iChat AV 视频会议、HD 广播、HD DVD 等。

（5）H. 265/HEVC。H. 265 是 ITU-T VCEG 继 H. 264 之后所制定的新的视频编码标准。H. 265 标准围绕着现有的视频编码标准 H. 264，保留原来的某些技术，同时对一些相关的技术加以改进。目前看来，H. 265 标准在同等内容质量上会显著减少带宽，高清 1 080P 电视广播和 4K 视频网络播放将不再困难。

3. 数字视频的记录格式

（1）DV 格式。DV 格式的全名为 Digital Video。为了在刚进入数字时代时避免重演模拟录像机的格式之战，索尼、松下、JVC、夏普等多个厂家共同制定这一统一标准，一般应用在家用摄影机的 Mini DV 带上。

（2）DVCPRO 格式。DVCPRO 格式是 1996 年松下公司极力倡导并用于抗衡索尼 DVCAM 在 DV 格式基础上推出的一种新的数字格式。它以图像质量好及兼容性强等特点受到广大用户的青睐。DVCPRO 格式有 DVCPRO 25、DVCPRO 50 和 DVCPRO HD 三种模式，且三种格式是完全兼容的。

（3）XDCAM 格式。XDCAM 为索尼公司在 2003 年所推出的无影带式专业录影系统开发。前两代 XDCAM 及 XDCAM HD，使用 Professional Disc 为储存媒体，XDCAM HD 根据采样频率不同又分为 XDCAM HD（4：2：0）和 XDCAM HD422（4：2：2）；第三代 XDCAM EX，则使用固态 SxS 记忆卡。

（4）AVI 格式。AVI 大致分为 4 种类型，最早的一种是微软公司于 1992 年 11 月推出的，英文全称为 Audio Video Interleaved，即音频视频交错格式，它是将音频和视频数据包含在一个文件容器中，允许音视频同步回放。这种视频格式的优点是图像质量好，可以跨多个平台使用，但其缺点是体积过于庞大，更加糟糕的是压缩标准不统一，压缩率非常低。

第二种是将 DV 磁带上的视频数据转录到电脑后，其视频格式的文件扩展名是.avi，也叫 DV-AVI 格式。

第三种是 newAVI 格式（nAVI），这是由地下组织发展起来的视频格式，它是在网络实现多媒体的过程中诞生的。美国微软研发的 Microsoft ASF 压缩算法，实现了视频在网上连续播放且其画质为大家所认可，但是它从一开始就不开放其源代码。于是地下黑客组织破译了其源代码，并为其添加了别的插件以示区别，但这样的文件格式注定无法取得合法身份，他们聪明地选择 AVI 做文件名。紧接着 MPEG-4 诞生，以其技术的先进性立即引爆网络，于是黑客们再次出手，如法炮制，文件后缀名仍为 AVI。

第四种是 uncompressed. AVI（＊.avi），这种格式主要用于用户视频编辑。

（5）MPEG 格式。MPEG 的英文全称为 Moving Picture Expert Group，即运动图像专家组格式，家庭影院用 VCD、DVD 就是这种格式。

VCD 其实是将 MPEG-1 编码的视频数据封装在 CD 光盘上，文件后缀名是.dat，能被 VCD 机播放。DVD 则是将 MPEG-2 编码的视频数据封装在 DVD 光盘上，文件后缀名是.vob，能被 DVD 机播放。由于 DVD 的清晰度和画质都比 VCD 好，所以 VCD 基本上已经被淘汰。

家庭影院从标清（DVD）往高清（BD 蓝光光盘）更替之初，MPEG-4 编码正处在混乱时期，因此 BD 仍是采用 MPEG-2 编码将高清视频数据封装在蓝光光盘上，文件后缀名是.m2ts，能被蓝光播放器播放。

（6）MP4 格式。现在后缀名.mp4 视频都是基于 MPEG-4 第 10 部分版的 H. 264/MPEG4-AVC 编码而成。由于 H. 264 出色的编码效率，家庭影院的 BD 也将用它来编码高清视频数据，文件后缀名为.m2v。

H. 265 是 ITU-TVCEG 继 H. 264 之后所制定的新的视频编码标准。H. 265 旨在在有限带宽下传输更高质量的网络视频，即仅需原先的一半带宽即可播放相同质量的视频，这让网络视频跟上了显示屏“高分辨率化”的脚步。由于 H. 265 是在 H. 264 的基础上对一些相关的技术加以改进，因此经过 H. 265 编码的视频文件后缀名仍为.mp4。

（7）MOV 格式。MOV 是 QuickTime 影片格式，它是 Apple 公司开发的一种音频、视频文件格式，用于存储常用数字媒体类型。MOV 格式具有较高的压缩比率和较完美的视频清晰度等特点，但是其最大的特点还是跨平台性，即支持 MacOS，也支持 Windows。

MOV 是流式视频格式，因其优秀又未开放源代码，PC 机群对其提出抗议，于是 Apple 推出了适用于 PC 机的视频应用软件 QuickTime，以便 MOV 能被 PC 机众多的多媒体编辑软件及视频处理软件支持。

（8）MKV 格式。MKV 既不同于 DivX、XviD 等视频编码格式，也不同于 MP3、Ogg 等音频编码格式，而是 Matroska 多媒体容器（Multimedia Container）。这是一种开放标准的自由的容器和文件格式，是一种多媒体封装格式，能够在一个文件中容纳无限数量的视频、音频、图片或字幕轨道。所以 MKV 不是一种压缩格式，而是以 Matroska 定义的一种多媒体容器文件。

MKV 是为这些音视频提供外壳的“组合”和“封装”格式。常见的 AVI、DAT、VOB 格式其实也都属于这种类型，但它们要么结构陈旧，要么不够开放，这才促使 MKV 这类新型多媒体封装格式的诞生。Matroska 最大的特点就是能容纳多种不同类型编码的视频、音频及字幕流，甚至囊括了 RMVB 及 MOM 这类流媒体，可以说是对传统媒体封装格式的一次大颠覆，它现在几乎变成了一个万能的媒体容器。

Matroska 的文件扩展名，对于携带了音频、字幕的视频文件是.MKV；对于 3D 立体影像视频是.MK3D；对于单一的纯音频文件是.MKA；对于单一的纯字幕文件是.MKS。

（9）MXF 格。MXF 是英文 Material eXchange Format（素材交换格式）的缩语。MXF 是 SMPTE（美国电影与电视工程师学会）组织定义的一种专业音视频媒体文件格式。MXF 主要应用于影视行业媒体制作、编辑、发行和存储等环节，松下 P2HD 系列、索尼 PXW 系列摄像机都存储成此格式。

MXF 文件被设计成一种“容器”文件格式，也就是说 MXF 文件格式与内容数据的格式无关。因为 MXF 是一个外壳格式而不是压缩格式，所以并不能保证每一款 MXF 文件都能被所有解码器识别。要支持 MXF 就意味着无论是软件或硬件都必须要有其所有的编解码程序。

（10）TS 格式。TS 是在日本高清摄像机拍摄下进行的封装格式，全称为 MPEG2-TS。TS 即“Transport Stream”的缩写。MPEG2-TS 格式的特点就是要求从视频流的任一片段开始都是可以独立解码的。这种格式主要应用于实时传送的节目，比如实时广播的电视节目，你任何时候打开电视机都能解码即时收看。

（11）OpenEXR 格式。OpenEXR 也可或简称为 exr 格式，是一种开放标准的高动态范围图像格式，在计算机图形学里被广泛用于存储图像数据，但也可以存储一些后期合成处理所需的数据。

OpenEXR 最早由工业光魔开发，《哈利·波特与魔法石》是最早使用 OpenEXR 格式的电影，从那以后，OpenEXR 成了工业光魔主要使用的图像文件格式，工业光魔所有正在制作的影片都用到了这个图像格式。

（12）RMVB 格式。RMVB 是由 RealNetworks 公司开发的 RealMedia 多媒体数字容器格式的可变比特率（VBR）扩展版本，较上一代 RM 格式画面要清晰很多。RMVB 实际上是 Real Helix 系列的一种媒体容器，与本身的编码格式没有关系，类似于 MKV 等格式。RMVB 不是开源的技术，因此常见的非线性编辑软件都无法识别此格式的视频文件。

（13）FLV 格式。FLV 是随着 Flash MX 的推出发展而来的流媒体视频格式，是 Sorenson 公司开发的一种视频格式，全称为 Flash Video。FLV 作为一种新兴的网络视频格式，能得到众多的网站支持并非偶然，它本身具有占有率低、视频质量良好、体积小等特点，它具有的能保护版权的作用更是备受关注。

在网络上播放视频，最基本的要求就是必须有视频的相关解码器或相关播放器。而当今的操作系统 windows 都附带了 Flash 播放软件，于是 Flash 就成为最适合网络视频的选择。将各类视频文件转换成 FLV，播放器有嵌入浏览器中的 Flash 播放器，这就解决了其他一般视频文件需要解码器的问题。

（14）WMV 格式。WMV（Windows Media Video）是由微软开发的一系列视频编解码和其相关的视频编码格式的统称，是微软 Windows 媒体框架的一部分。在 WMV 家族中，WMV 是公认度最高的视频压缩格式，一般采用.wmv 为文件后缀名。

与 H. 264 类似，WMV 包含许多高级编码工具，不过种类有所不同，相对于 H. 264，其知觉质量感受也非常优秀。得益于操作系统的大力支持，在 2010 版及以上版本的 PPT 中，WMV 视频导入后会直接打包，并不需要安装任何插件就可以播放。

三、视频摄录编设备的分类

画质就是画面质量，包括清晰度、锐度、镜头畸变、色散度、解析度、色域范围、色彩纯度（色彩艳度）、色彩平衡等几方面指标。现在的摄像机都是不只有摄像功能，还自带录制功能的，因此又称为摄录一体机。行业内部一般按画质将摄录一体机划分为以下三类。

1. 广播级

这类摄像机主要应用于广播电视领域，图像质量高，性能全面，但价格较高，体积也比较大。根据使用目的的不同，它们又可以分为三种：演播室用摄像机、新闻采访（ENG）摄像机、现场节目制作（EFP）摄像机。

2. 专业级

这类摄像机一般应用在广播电视以外的电视领域，比如工业、医疗、电化教育等。专业摄像机紧跟广播摄像机的发展，更新得特别快。在最近几年，高档专业摄像机在性能指标等许多方面都超过了过去的广播级摄像机。现在清晰度、信噪比、灵敏度等重要指标上，已经和广播级的摄像机没有太大区别，只是在色彩的还原性方面比广播用的摄像机稍微差一点。

3. 家用级

这类摄像机主要应用在对图像质量要求不高的业务场合，比如家庭聚会、旅游、娱乐等。家用摄像机的体积比较小，重量比较轻，特别方便携带；操作简单，而且价格便宜，已经普遍进入了家庭消费，所以被称为家用摄像机。

四、视频的记录与存储介质

1. 光记录（胶片）

胶片就是银盐感光胶片，也叫菲林。胶片一经曝光，立即产生潜影——一种看不见的影像，必须将胶片进行显影操作才能使潜影转化为可见的牢固影像。电影行业一直使用这种技术。

2. 磁记录（磁带、硬盘、磁盘阵列）

磁带是一种用于记录声音、图像、数字或其他信号的载有磁层的带状材料，是产量最大和用途最广的一种磁记录材料。

硬盘（HDD 机械硬盘）是电脑主要的存储媒介之一，由一个或多个铝制或玻璃制的碟片组成，碟片外覆盖有铁磁性材料。绝大多数硬盘都是被永久性地密封固定在硬盘驱动器中的。

（1）移动硬盘。Mobile Hard disk 顾名思义是以硬盘为存储介质，帮助计算机之间交换大容量数据，强调便携性的存储产品。移动硬盘以高速、大容量、轻巧便捷等优点赢得许多用户的青睐，而更大的优点还在于其存储数据的安全可靠性。这类硬盘与笔记本电脑硬盘的结构类似，多采用硅氧盘片，这是一种比铝、磁更为坚固耐用的盘片材质，并且具有更大的存储量和更高的可靠性，从而提高了数据的完整性。

（2）微型硬盘。Microdrive 是一种和硬币差不多大的超小型硬盘，初期主要由 IBM 开发，目的是对抗市面上主流的闪存产品。微型硬盘在运作过程中较为耗电，容易发热，且使用寿限较短，尤其是对于震动或撞击抵抗力较低，这也是它最大的缺点。

磁盘阵列是由很多块独立的磁盘组合成一个容量巨大的磁盘组，利用个别磁盘提供数据所产生的加成效果提升整个磁盘系统效能。利用这项技术，将数据切割成许多区段，分别存放在各个硬盘上。

3. 激光（光盘）

光盘是利用激光原理进行读、写的设备，用聚焦的氢离子激光束处理记录介质的方法存储信息（如激光烧了的地方标记为 1，未烧的地方则标记为 0），因此光盘又称激光光盘。

根据光盘的结构，光盘主要分为 CD、DVD、BD 等类型，这些类型的光盘在结构上有所区别，但主要结构原理是一致的：基板、记录层、反射层、保护层、印刷层，烧的洞大小决定存储的容量。

4. 半导体器件（内存、闪存）

用半导体器件做成的存储器称为半导体存储器，其代表产品有内存、U 盘等。内存的主体结构为随机存取存储器，特点是当关机或断电时，其中的信息都会随之丢失。U 盘则属于闪存（Flash Memory），闪存是一种电子式可清除程序化只读存储器的形式，允许在操作中被多次擦或写的存储器；具有长寿命的非易失性，即在断电的情况下仍能保持所存储的数据信息。

闪存的读写速度快、稳定性高、功耗较低，闪存盘外形小巧易于携带，且采用支持热插拔的 USB 接口，部分闪存盘甚至具有加密等功能，因此现在被大量应用。按种类分可将闪存分为 U 盘、CF 卡、SM 卡、SD/MMC 卡、记忆棒、P2 卡、XD 卡、MS 卡、TF 卡、PCIe 闪存卡等。

（1）U 盘。U 盘的全称为 USB 闪存盘，英文名是“USB flash disk”。U 盘是一种使用 USB 接口的无须物理驱动器的微型高容量移动存储产品，可通过 USB 接口与电脑连接，实现即插即用。

（2）CF 卡。CF 卡是最早推出的存储卡，主要应用在高端影像产品以及一些较大型的移动设备上。CF 卡因为是早期推出的存储卡规格，所以体积较大，针式接口插拔不当可能造成接口损坏。但 CF 卡的存储速度快，存储性能稳定，且卡的本身不易损坏，抗磁性也比其他的卡更高。

（3）SD 卡。SD 卡是由日本松下公司、东芝公司和 SanDisk 公司共同开发的一种存储卡格式。SD 卡的优点自然是体积小巧，且性能和体积的综合性较好，比起目前体积更小的 TF 卡应用范围更大。SD 卡的价格较优惠，因此也被认为是实惠型存储卡。

SD 卡和 CF 卡相比的不足是读写速度提升较慢，目前最高速的 SD 卡的读写速度仍能和高端 CF 卡相比，另外，SD 卡的稳定性和存储卡硬件质量都比 CF 卡要更低，存储卡容易损坏，写保护开关容易发生故障，而且 SD 卡因为过于小巧也更容易丢失一些。

（4）P2 卡。半导体存储介质与硬盘及光盘不同，它完全摒弃了机械结构，采用电荷擦写的方式进行记录。所以，半导体存储介质的抗冲击、抗震动性更高，并且对于外界环境的温度、湿度都不敏感。

P2 卡考虑到专业广播电视对可靠性的追求更是采用了强化设计。P2 卡是对 4 片高速 SD 卡（数据率为 160Mbps）进行并行的读取/写入控制，所以 P2 卡的最大数据率可高达 640Mbps（160×4）。这种带宽完全可以无缝地满足将来高清信号记录的需求，这一点对光盘来说是最难跨越的技术鸿沟，但 P2 卡的价格过高。

（5）SXS 卡。SXS 卡是索尼与 SanDisk 共同研发的摄像机储存卡。SXS 卡是专为 XDCAMEX 摄像机开发的专业存储介质，索尼市场覆盖较广的专业级机型 PMW 系列也在采用。SXS 卡的性能稳定，但价格昂贵。

（6）SSD 固态硬盘。SSD 卡的全称是 Solid State Disk，即固态硬盘，它是用固态电子存储芯片阵列而制成的硬盘，由控制单元和存储单元（FLASH 芯片、DRAM 芯片）

组成。

固态硬盘在接口的规范和定义、功能及使用方法上与普通硬盘的完全相同，在产品外形和尺寸上也完全与普通硬盘一致。固态硬盘具有传统机械硬盘不具备的快速读写、质量轻、能耗低以及体积小等特点，但其价格仍较为昂贵，容量较低，一旦硬件损坏，数据较难恢复等，还被认为耐用性（寿命）相对较短。

五、视频的后期编辑

在模数更替时期，磁带记录占据着主流市场，使得后期编辑仍采用传统的线性编辑模式，直到多媒体计算机的发展促使非线性编辑的诞生，才标志着真正数字电视时代的到来。

现在非线性编辑已全面替代线性编辑，成为视频编辑的主流。

非线性编辑系统包括：主机一般为高性能图形工作站和视频非线性编辑软件用于对硬盘上的视频、音频数据进行修剪、组合、特效处理。常见非线性编辑软件有以下几种。

1. Premiere

Premiere 作为非线性编辑软件的鼻祖，由 Adobe 公司推出，且可以与 Adobe 公司推出的其他软件相互协作。Premiere 诞生之初因其适用于全球所有国家的电视台而被划为通用型，使用者可根据本国电视台视频要求进行参数设置。随着视频市场扩大，这种自主参数设置的适用性进一步确定了它的通用地位。

2. EDIUS

EDIUS 是美国 Grass Valley 公司的优秀非线性编辑软件。EDIUS 支持所有业界使用的主流编解码器的源码编辑，甚至当不同编码格式在时间线上混编时都无须转码。软件推出既借鉴了通用型和专业型的优点，所以传统的非线性编辑软件分类法因此被淘汰，又一直以识别格式为己任，因为其技术要点而在市场上拥有众多的使用者。

3. Final Cut Pro

Final Cut Pro 是 Apple 公司为自己的 Macintosh 机开发的视频编辑软件。

（1）ProRes。苹果公司发布的 ProRes 编码是一类具有实时回放、多轨编辑、高画面质量的高 bit 位深的编码，现已有 6 个版本：ProRes Proxy、ProRes 422 LT、ProRes 422、ProRes 422 HQ、ProRes 4444 及 ProRes 4444 XQ，每一个 ProRes 所用的情形和拍摄环境都是不同的。

（2）ProResRAW。ProResRAW 是 2018 年的 NAB 前夕，苹果发布的 ProRes 家族最新的编解码器，但它又是一款与之前 ProRes 视频编码完全不同的编解码器。ProResRAW 其实相当于是由苹果公司提出的一种 RAW 编码格式，通过将摄影机输出的 RAW 原始数据和音频直接封装为后缀名为. MOV 的一种编码。其特点是通用和效率高。

4. Sobey（大洋、上洋）

Sobey、大洋、新奥特是国产三大非线性编辑软件，属于专业型，适用于我国电视制式规则。新奥特已逐渐退出市场，大洋又分离出上洋，但是技术差别不大。

5. Avid Media Composer

Avid Media Composer 是一款专业电影与视频编辑工具，所以支持的视频格式都属于电视及电影行业认可的数字视频，视频格式识别率低。

6. 会声会影

会声会影（Corel VideoStudio），是加拿大 Corel 公司制作的一款功能强大的视频编辑软件，主要的特点是操作简单，适合家庭日常使用。会声会影虽然是家庭级非线性编辑软件的代表，但它的处理效果甚至可以挑战专业级的影片剪辑软件。

7. Vegas

Vegas 是由 Sonic Foundry 公司开发，被 Sony 集团下属软件公司 Sony Pictures Digital 并购，正式成为 Sony 出品的视频编辑软件。

第四节　行业必备知识

1. ARRI

德国 ARRI 是全球最大的电影摄影器材的专业制造厂商，比如专业电影设备和电影照明设备。ARRI 的获奖产品分布于从宝莱坞到好莱坞之间各层次的各个电影制造业中心。ARRI 还涉及了电影业的各方各面：场景工程及设计、电影制造和生产、视觉效果、后期制作、设备租借、电影实验室服务和工作室的照明处理等。

2. AVC-Intra

AVC-Intra 是日本 Panasonic（松下）公司在 2006 年 8 月连同新摄影器材一同发布的一种压缩编码方式。该编码方式完全符合 H. 264/MPEG-4 AVC 标准，适合用于高清摄像机和 P2 卡。

3. AVCHD

AVCHD 是索尼（Sony）公司与松下电器（Panasonic）于 2006 年 5 月联合发布的高画质光碟压缩技术，它使高清摄像机制造商的产品能够兼容所有 8cm DVD 光盘格式，但 DVD 机无法播放 AVCHD 光盘。AVCHD 标准基于 MPEG-4AVC/H. 264 视讯编码。

4. Canon XF MPEG2

佳能于2010年4月发布了便携式专业摄像机新品XF系列，这是佳能首次同时采用众多先进技术和高级规格打造的产品，比如4：2：2色彩取样率、MPEG-2 Long GOP编码格式、高达50Mpbs记录码率、使用CF卡介质记录，采用先进的业界标准MXF作为封装格式，增强了长焦端和广角端防抖能力的强力防抖和动态防抖等多项先进技术。

5. Digital SLR

数码单镜反光相机（Digital Single Lens Reflex Camera，DSLR），简称为数码单反相机，它不使用胶卷作为记录载体，而是一种以数码方式记录成像的照相机。

6. DNxHD

DNxHD，即数字非线性可扩展高清（Digital Nonlinear Extensible High Definition，DNxHD）格式，是由Avid出品的高清编码。这个编码的码流和HD摄像机的原始码流很接近，是一个基于MXF格式开发的开放性HD压缩编码，Avid又把这个编码开放给业界用户，包括给前端摄像机生产商。

Avid是全球最大的广播电视非线性网络解决方案厂家，有超过2 600家大规模的广播电影电视用户采用Avid的网络方案。

7. DNxHR

Avid在2014年正式发布能够支持4K分辨率的DNxHR编码格式。Avid出品的非线性编辑软件Media Composer依靠DNxHR编码格式，在获得4K分辨率制作能力的同时，引入全新的“分辨率无关”系统特性，即允许用户在同一时间线上创建代理格式剪辑并直接输出原始高质量内容，有效降低了素材转码与回批等操作带来的效率损失。

8. HDV

HDV是高清格式的一种，采用MPEG-2压缩方式，由索尼、夏普、佳能、JVC于2003年9月30日联合宣布。HDV标准的目的是能开发准专业小型高清摄像机和家用便携式高清摄像机，使高清能够在更广的范围内普及。

9. RED ONE

RED ONE是数字电影摄像机，可拍摄水平像素高达4 096（4K）的高质量清晰图像，并直接将图像以电子格式存储在硬盘存储器里，从而实现了全数字化制作。RED ONE摄像机有着自己独特的视频编码格式，并最后封装成R3D文件。

RED ONE在影视行业大家已不陌生了，好莱坞大导演们开始采用RED ONE来拍摄电影大片。从2007年开始使用第一台，已经有太多痴迷技术的人体验了RED ONE带来的改变：无论是感慨于s35mm还是s16mm胶片景深感，或是惊叹于接近阿莱（ARRI）和潘那维申（Panavision）等传统摄影机巨头的产品的指标，这些都通过低廉的价格（四十几万，在电影界算低廉）来成就了人们最终的梦想，同时也实现了电影般的画质和超凡的色域空间。

在某些方面，RED 在电影工业是一股破坏性的力量。它一直在超越 4K 定义的分辨率和宽容度，并使显示和投影技术蒙羞。Red Dragon 的 6K 传感器算得上是一个里程碑式的成就，和之前的 Mysterium-X 传感器相比，很显然它遥遥领先。

实验三　视频的转换和录制

一、实验目的

（1）认识视频格式。

（2）掌握视频格式转换软件的使用。

（3）能够对屏幕视频进行录制。

二、实验准备知识

1. 流式文件

流式文件也称为流媒体文件，指在网络中可以进行流式传输的多媒体文件的集合。按传输方式主要有以下两种：

（1）顺序流式传输是顺序下载，在下载文件的同时用户可观看在线媒体，但在给定时刻，用户只能观看已下载的那部分，不能跳到还未下载的那一部分。这种传输方式适合高质量的短片段，如片头、片尾和广告。

（2）实时流式传输是指保证媒体信号带宽与网络连接匹配，使媒体可被实时观看。实时流式传输特别适合现场事件，也支持随机访问，用户可快进或后退以观看前面或后面的内容。理论上，实时流一经播放就不可停止。

2. CRF

CRF（constant rate factor）是指在 H. 264 下压缩视频的一种恒定量化值的编码方式，由于码率不恒定，其实就相当于 VBR。采用 CRF 视频，大动态场景会被分配更多的码率，使画面效果更好。一般 CRF 值我们都设置在 18~26，18 就接近无损了，最常用的是 22 或者 23，前提是要看片源，如果片源本身的画质就很差，CRF 值设得再低，对画质也毫无帮助，只会导致体积剧增（CRF 是数字越小，质量越高，体积也越大）。

三、实验内容

内容一：常见视频格式的转换

（1）识别视频格式：用鼠标右键点击名为“内容一 1.mpg”“内容一 2.mpg”视频文件，在弹出菜单中选“属性”弹出其窗口，点击［详细信息］项，观察［帧宽度］［帧高度］［数据速度］［帧速率］等参数。

（2）转换视频格式：开启软件“格式工厂”，在［视频］选框中选“mp4”，在弹出窗口中点“添加文件”按钮，在弹出窗口中找到名为“内容一 1”和“内容一 2”的两个视频文件后点“打开”按钮。

（3）在窗口中分别点选导入的两个视频文件，再点左上的多媒体文件信息按钮，在弹出的窗口观察其参数，并对两者进行对比。

（4）点［输出配置］按钮，在预设配置栏中点选“AVC 高质量和大小”，［视频编码］变成“AVC（H264）”，［屏幕大小］为“默认”（除非需要改变视频的尺寸），［比特率］为“默认”，CRF 设为“10（高质量）”，［每秒帧数］为“默认”，［宽高比］为“自动”，［二次编码］为“是”，参数定好后点［确定］按钮。

（5）回窗口后将［输出文件夹］选择为“输出至源文件目录”，点［确定］按钮回到主窗口，点［开始］按钮，静等其完成转换。

（6）分别用鼠标右键点击转换完成后的两个 mp4 视频文件，在弹出窗口中点击“属性”弹出窗口，此时要特别关注数码率（［数据速率］［总比特率］）的大小，一定要和转换前的文件做比较。反复播放转换前后的视频，观察其画质（100%尺寸和放大到相同尺寸播放状态）。

（7）重新转换两个视频，将数码率设置为一个低于默认参数的一半，一个高于参数的一倍，再进行画质及属性观察。

作业：提交转换后的两个 MP4 文件。

内容二：MKV 视频文件的部分转换（截取和字幕）

（1）打开安装的“Bigasoft MKV Converter”转换软件。

（2）点击［添加文件］按钮，导入一部 MKV 格式的电影后，用鼠标右键点击此视频文件弹出菜单中选“Properties”，重点查看［Frame rate］，点［确定］按钮退出。

（3）设置［预置方案］选项为［高清视频］“HD H.264/MPEG-4 AVC Video”后，点［设置］按钮弹出窗口后再点［高级］按钮，［视频尺寸］选择与原视频一致，［帧率］也必须与原［Frame rate］也保持一致，［相同质量］选“True”，最后点［应用到所有项目] 按钮，点 [确定] 后回来后再点右上角的 。

(4) 回到主窗口点击 [时间剪辑] 按钮 ，然后使用播放暂停按钮 和进度指示钮 寻找需要截取的视频片段，再用 截取按钮标识出 [开始时间] 和 [结束时间]。

(5) 接着点击 [裁剪] 按钮 裁剪(C)，在左边 [原始画面] 视频显示框中移动上下虚线刚好将黑边带完全去除，然后记下 [裁剪区域尺寸] 的参数。

(6) 分别点选 [缩放方式] “保持原值”“全屏”“16∶9”，观察 [输出预览] 窗口的视频变化。

(7) 点击 [字幕] 按钮 字幕(S)，确定“None”被勾选后，再点“确定”按钮。

(8) 回到主窗口后，定好 [输出目录] 后点击“转换”按钮 ，静等其转换完结，到所设路径下寻找此文件更名为“截取视频”，并查看其属性参数。(播放时若发现声画不同步也没关系，后面会介绍矫正的方法。)

作业：提交截取后的 MP4 文件 (不带黑边带)。

内容三：录制屏幕视频

(1) 开启名为“Camtasia Studio”的软件，在欢迎界面中点击 [新建录制] 按钮。

(2) 点击菜单栏的 [工具] → [选项] 弹出窗口，点选 [常规] 面板中的 [保存] → [录制到] 为“.avi”，再点击 [文件选项] 按钮弹出窗口，点选“使用固定文件名”，在 [名称] 后取名“录制视频”，一定要在 [输出文件夹] 设置录制视频文件的路径，最后点 [确定] 按钮。

(3) 点选 [输入] 面板，在 [视频] → [捕获帧率] 中将数值设为“25”，再点击 [视频设置] 按钮弹出压缩设置窗口，将 [压缩机] 设为“全帧 (未压缩)”后点 [确定]。

(4) 如果要同时录制音频信号，可先根据实验一中的设置方法将声卡设置为内录状态。此时会在 [输入] 面板中 [音频] → [音频设备] 看到“立体声混音”，点击 [音频设置] 按钮弹开窗口将 [属性] 选为“44.100kHz，16 位，立体声”，点击 [确定] 返回上一窗口再点击 [确定] 按钮。

(5) 将要播放的视频用播放器按 100% 显示比例播放，暂停后回到录制软件面板，将 [选择区域] 的 [尺寸] 锁定打开呈 ，再在屏幕上用绿色虚线将刚才播放的视频框选起来。

(6) 点 按钮，再播放视频，点“F10”键停止录制，处理视频需等待一段时间。结束后在所设路径下寻找录制好的视频，最后播放视频并查看其属性。

作业：将录制视频转换为 MP4 文件后再提交，需保持原画质和尺寸。

实验四　线性编辑与非线性编辑

一、线性编辑

（一）实验目的

（1）认识磁带录像机和编辑控制器。

（2）掌握线性编辑中的对编系统。

（二）实验准备知识

1. 模拟时代

模拟时代的信息是以模拟信号传递的，比如对讲机等，都是以声音或图像信号的连续变化的物理量传送的。模拟信号的优点是实现起来相对简单，设备的复杂度也较低；缺点是在传递过程中，不可避免地产生失真，专业术语称为“频率失真”或“幅度失真”。模拟信号受外界干扰较为严重，在通信质量上已没有可提高的空间。

2. 数字时代

数字时代是模拟时代的掘墓者，因其高保真度的语音质量和高清晰度的图像质量而倍受使用者的青睐，虽说设备的复杂度令人生畏，但由于其效果好、稳定性高、传输量大，仍被大规模地投入使用。

（三）实验内容

内容一：认识磁带录像机和编辑控制器

（1）认识 Betacam 模拟磁带录像机和 DVCAM 数字磁带录像机的前后面板、编辑控制器的按钮以及监视器上的按钮及名称，并进行对比。

（2）将录像机的电源开启后，放进磁带，确定录、放像机上 CONTROL（控制）开关都拨至 LACAL 位置，再分别用录像机上的 PLAY、STOP、REW、F. FWD 和 EJECT 键操作磁带，并观察监视器的变化。

内容二：进行［组合］编辑

（1）将录、放像机上的 CONTROL 开关都拨至 REMOTE 位置，使录、放像机受编辑控制器控制。

（2）在编辑控制器上按 EDIT MODE（编辑模式）中的 ASMBL（组合）键，设定编辑模式为组合编辑（ASMBL 键上指示灯会亮）。

（3）利用编辑控制器左侧的搜索轮（按下可实现精确到帧的搜索，再按弹回恢复到粗略搜索），搜索定位放机素材镜头的入点，然后同时按下左侧放机的 ENTRY 和 IN 键设定编辑入点（左边液晶面板上的 IN 会停止闪烁一直点亮）。

（4）用编辑控制器左侧的搜索轮，搜索定位放机素材镜头的出点，然后同时按下左侧放机的 ENTRY 和 OUT 键设定编辑出点（左边液晶面板上的 OUT 会停止闪烁一直点亮）。

（5）用编辑控制器右侧的搜索轮，搜索定位录机的组合编辑入点，然后同时按下右侧录机的 ENTRY 和 IN 键设定录机编辑入点（右边液晶面板上的 IN 会停止闪烁一直点亮）。

（6）按 PREVIEW 键，进行组合编辑预演。在预演期间，可在与录机相连的监视器上监看的内容有：预卷位置到入点处录机重放的视频图像；从入点到出点之间，放机重放的视频图像；出点到过卷位置，录机的重放的视频图像。

（7）预演后如需重设入点出点，可按下液晶板边的 RESET 键，重复 3~5 操作步骤；如只需重设入出点的某一个，可用搜索轮直接找到该点，按下对应位置的 ENTRY +IN（或 OUT）键。

（8）预演结果准确无误后，按 AUTO EDIT 键执行自动编辑，观察视频在录机录制期间的录制指示灯点亮状态。

（9）按 RVW（复演）键，录机自动回到本次编辑点进行播放，此时可检查所做编辑的完成情况。

内容三：进行［插入］编辑

（1）在编辑控制器上按 EDIT MODE（编辑模式）中的 V 或 A 键，设定编辑模式为视频或音频插入编辑模式。

（2）利用编辑控制器右边的搜索轮，搜索定位录机磁带的入点后，按控制面板右边的 ENTRY 和 IN 键，设定插入录机编辑入点；搜索定位录机磁带的出点，按控制面板右边的 ENTRY 和 OUT 键，设定录机插入编辑出点。

（3）使用编辑控制器左边的搜索轮，搜索定位放机磁带的入点后，按控制面板左边的 ENTRY 和 IN 键，设定放机的插入编辑入点。

（4）按 PREVIEW 键进行编辑预演。预演期间可在与录机相连的监视器上监看或监听的内容有：预卷位置到入点处录机重放的视频图像或音频信号；从入点到出点之间，放机重放的视频图像或音频信号；从出点到过卷位置，录机重放的视频图像或音频信号。

（5）预演结果准确无误后，按 AUTO EDIT 键执行自动编辑，观察视频或音频的录制状况。

（6）按 RVW（复演）键，录机自动回到本次编辑点再播放，可检查所做编辑的完成情况。

注：执行插入编辑时，要求磁带上的 CTL 或时间码磁迹必须连续，不可中断。为保证编辑的质量，制作前准备阶段一般会在磁带上预先录制连续的黑底信号以形成连续的 CTL 或时间码磁迹。

二、非线性编辑

（一）实验目的

（1）掌握非线性编辑软件 Premiere、Edius 的基本操作。

（2）能熟练使用非线性编辑软件 Premiere 编辑视频。

（二）实验准备知识

1. 项目文件（工程、合成文件）

与 Audition 中的会话文件性质一样，用来实现同时对多个视音频文件进行编辑，但文件只以文字的方式记录编辑过程中的所有操作步骤，文件本身并不包含视音频文件的数据信息，所以文件容量很小。要输出视频文件必须经过渲染生成。

2. 序列文件

序列文件是项目文件中的小项目。

3. 视频特效

视频特效是指给镜头做再加工，如：调色、调亮度和对比度、加光晕等。

4. 视频过渡

视频过渡又称为视频转场特效，添加在两个视频文件之间，从一个镜头转到另一个镜头时的过渡效果。

5. 关键帧（key frame）

在动画、视频后期都涉及关键帧。在传统手工动画制作中，关键帧指的是原画（关键的画面，一般由专业师傅绘制），然后根据两个原画的变化趋势将中间的画面补足（由学徒绘制）。在视频后期编辑中，则由编辑者定义一个时间段的两个关键帧，由计算机生成两个关键帧的画面中间变化帧。

（三）实验内容

内容一：非线性编辑软件 Premiere 的初始设置

（1）初次开启 Premiere 出现欢迎窗口时，点击［新建项目］弹出其窗口后为项目文件取名（学号+姓名）和设定路径（在 D 盘先以“学号”新建文件夹，并作为项目文件的路径）。

再次开启软件，在欢迎窗口的［名称］处会列出曾经保存的项目文件，找到要继续编辑的项目文件双击即可（也可找到项目文件所保存的路径，直接双击项目文件名称开启软件）。

（2）进入软件界面，如图 3-1 所示：

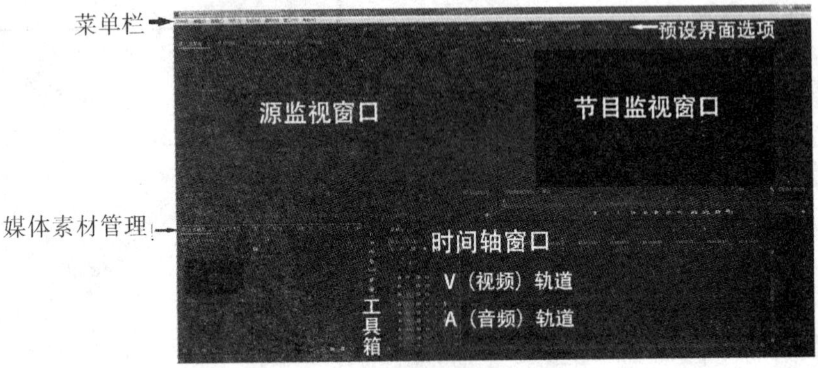

图 3-1　Premiere 软件界面

（3）点击媒体素材管理［媒体浏览器］找到将要导入的视频（画面和声音全具备），双击视频后可在源监视窗口看到视频画面，点击窗口下的播放按钮（或拖动上时间滑块）试看视频，再点击媒体素材管理［信息］，查看视频的参数。

（4）点击菜单栏［文件］→［新建］→［序列］，根据查看到视频的［帧频］和［宽高］找到对应的参数设置后点［确定］（如果导入的视频参数一致，也可直接点［确定］；如果不一致则一定要为项目文件设定统一的参数）。

（5）从源监视窗口拖动视频到时间轴窗口 V 轨道上，可能会弹出“此剪辑与序列设置不匹配”的窗口提示，如果此视频是决定项目文件参数的视频，则点［更改序列设置］，如果项目文件参数已设置好，则点［保持现有设置］。

（6）如果点了［更改序列设置］，请再点击菜单栏［序列］→［序列设置］弹出窗口中查看［时基］（帧频）、［帧大小］（宽高）等参数。

（7）最后点击［文件］→［保存］，保存项目文件；再点击［文件］→［另存为］在弹出窗口中为文件名加个数字 1，点［保存］。这样可保证在编辑时始终有两个项目文件在跟进。

内容二：Premiere 导入素材

（1）点击媒体素材管理［项目］显示其面板，上一实验内容里拖到时间轴轨道的视频应该已被导入。

（2）点击监视窗口下的为截取的镜头打“入点”，播放一小节后再点击打“出点”（入点永远在出点之前），将截取好的镜头拖动到时间轴轨道上，观察［项目］面板上导入的视频有无变化。

（3）点击［媒体浏览器］双击另选的一个视频，点［项目］回其面板，再用鼠标左键将源监视窗口显示的该视频拖到［项目］面板空白处，观察面板是否出现该视频，从而判断视频是否导入成功（若可再进行 2 的操作，表示一个素材只能被导入一次，但可被反复编辑）。

（4）在［项目］面板的空白处双击，会弹出［导入］窗口，找到需要导入的素材（按着 Ctrl 或 Shift 键选取素材），最后点［导入］按钮。

内容三：Premiere 非线性编辑

1. 基本编辑方法

（1）用鼠标左键移动时间轴轨道上的音视频文件，用鼠标右键点击文件，在弹出的菜单中点选“取消链接”，再移动音视频文件。

（2）用鼠标右键在弹出的菜单中点选“速度/持续时间”，将弹出窗口的［速度］分别改为“50”和“200”，点［确定］，播放视频观察变化。（其他选项也试试，了解每一种的编辑功能）

（3）将导入的视频打好“入出点”后，鼠标移到［仅拖动视频］或［仅拖动音频］按钮上，按下鼠标左键将其拖到时间轴轨道上，观察时间轴轨道上的情况。

（4）再选一导入的视频，打好“入出点”后，先将［时间轴］上的时间滑块移到某个视频的中间位置，点覆盖按钮，观察变化；点击［编辑］→［撤销］，这次点插入按钮，观察变化。

2. 视频特效的使用

（1）选择时间轴上一视频，并将移到此视频范围内，点击源监视窗口上的［效果控件］开启其面板，点击 fx 运动 前的弹出其参数设置菜单，改变各个参数观察节目监视窗口中的变化。

（2）点击媒体素材管理［效果］弹出面板，点击［视频效果］前的，在弹出菜单中继续点 颜色校正 直到 亮度与对比度 出现，鼠标左键移到此特效上不放然后将此特效拖动到“V”轨道上的另一个视频上，点击源监视窗口上［效果控件］其面板上会出现 fx 亮度与对比度，改变［亮度］［对比度］对应的参数，此后一定要将［时间轴］上的移到此视频范围内后，观察节目监视窗口中的变化。

（3）点击［创建椭圆形蒙版］，观察节目监视窗口中的变化；改变在面板中新增的［蒙版（1）］下对应的参数再看变化。

（4）尝试将 视频效果 下的所有特效都挨个拖到一个镜头上，一定要在［效果控件］面板上改变对应的参数值，再观察节目监视窗口中视频的变化，切实了解每一种视频特效的功能是什么。

3. 关键帧的使用

（1）选择时间轴轨道上的任意一个镜头，将［时间轴］上的移到此视频范围内，点击［效果控件］开启其面板，点击 fx 运动 的将参数项菜单弹出，左右移动右窗口的时间滑块，观察时间轴窗口和节目监视窗口中的时间滑块。

（2）将任一停在此镜头的中间靠前位置，选择［效果控件］面板［运动］下前面有的参数项，任选一项点击变为，右窗口对应出现关键帧，也可改变其参数值。

（3）将移到中间靠后的位置，再改变此参数项对应的参数值（一定不要与前一个参数值一样），在此位置会自动生成关键帧，在两个关键帧之间播放视频观察画面的变化情况。

4. 视频转场特效的使用

（1）移动时间轴窗口中的到两个视频连接处，再移动窗口下的预览缩放滑块放大时间轴上的视频可视长度。

（2）在媒体素材管理［效果］面板中点击 视频过渡 前的，再点 划像 前的，将出现的 圆划像 拖到两个视频相交的位置，在转场特效期间移动，再点击节目监视窗口的播放按钮，观察转场效果。

（3）点击 V 轨道上的转场特效 圆划像，再点开源监视窗口上的［效果控件］面板，将［对齐］改选为“中心切入”，鼠标回到到 V 轨道的转场特效两头，当鼠标变成按下鼠标左键向左右拖动后并播放视频，观察转场特效随着时间长短变化快慢情况。

（4）将 视频过渡 下的所有转场特效逐个拖到两个镜头连接处，播放观看所有效果，切实记住每种转场特效。

5. 视频文件的输出

（1）移动时间轴窗口上或是节目监视窗口下的，再分别用节目监视窗口下的将要输出的视频部分打上入点和出点。

（2）点击［文件］→［导出］→［媒体］弹出［导出设置］窗口，在［格式］项后选择“H. 264”，［预设］为“匹配源-高比特率”，确定［输出视频］和［输出音频］被勾选上。

（3）点击［视频］弹出其面板，因［匹配源］参数呈灰条，想改变对应的参数只需将后面的勾选取消，再修改参数值即可。

（4）在［输出名称］项默认名称处点击弹出［另存为］窗口，为将输出的视频文件取名和定好路径后点［保存］按钮。回到［导出设置］主窗口，点击［导出］按钮，会出现视频生成指示条，一定要等此条自动消失。

（5）点击［文件］→［导出］→［媒体］再次弹出［导出设置］窗口，其他参数不变，只改变［视频］面板参数项［比特率设置］下的［目标比特率］和［最大比特率］，改变［输出名称］后点［导出］。

（6）多设置几次差别大的［比特率］数值，输出视频文件。最后查看所导出视频文件的属性并播放查看画质，做好对比。

内容四：Premiere 编辑实例

1. 声画不同步调整

（1）新建项目文件，将实验三中转换声画不同步的视频导入。

（2）将视频文件拖到时间轴轨道上（如弹出窗口选点［更改序列设置］），再用鼠标右键点轨道上的视频，在弹出的菜单中选“取消链接”。

（3）用鼠标左键移动轨道上的视频或音频，直到声画同步为止。（最好用预览缩放滑块放大时间轴上的可视长度）

（4）最后生成画质不低原文件的视频文件，用至少两种播放器播放并观察声画情况。

2. 画中画（嵌套）

（1）新建项目文件，导入至少四个不同的视频文件。

（2）将主画面直接拖到时间轴窗口，点击［序列］→［序列设置］弹出窗口，一定记住［帧频］和［宽高值］的数值并确定此视频在 V1 轨道。

（3）将第二个视频文件的视频拖到 V2 轨道，用鼠标右键点击此视频在弹出菜单中点“嵌套”，在弹出窗口为序列取名后点［确定］。

（4）再双击 V2 轨道刚定义的嵌套序列，进入此序列的编辑面板，点击［序列］→［序列设置］，将宽度改成原数值的三倍，点击［确定］会弹出提示窗口，再点击［确定］。

（5）确定第二个视频正处于此序列的 V2 轨道，将第三个视频拖到 V1 轨道，确定第三视频处于选择状态点击源监视窗口［效果控件］，鼠标移到面板［运动］→［位置］代表 X 方向（左）的参数值上，按下左键不松开往左移动，参数值减少同时观察节目监视窗口视频在向左移动，直到视频移动到与第二个视频刚好相接为止。（细调：将节目监视窗口下的［选择缩放级别］选至最大，再移动滑块至两个视频相接处，最后调整第三个视频的［位置］参数值。）

（6）将第四个视频拖到 V3 轨道，确定此视频处于选择状态点击［效果控件］，鼠标移到面板［运动］→［位置］代表 X 方向的参数值上，按下左键不松开往右移动，参数值增加同时观察节目监视窗口视频在向右移动，直到视频移动到与第二个视频刚好相接为止。

（7）分别点击 V1、V2、V3 轨道上的三个视频后，点击［效果控件］弹出其面板，将［运动］→［缩放］的参数改为 80，即将三个视频都缩小到原来尺寸的 80%。

（8）观察当前序列中三个画面的位置关系，再回到时间轴窗口第一个序列的编辑面板，点击 V2 轨道的嵌套序列，再点击［效果控件］弹出面板，将右窗口移到最左边，激活［运动］→［位置］前呈，右窗口对应出现关键帧，此时将 X 方向的参数左右拖动改变，直到节目监视窗口三个画面最左边的画面刚好在主画面的右边消失；再移动到最右边，再次将 X 方向的参数左右拖动改变，直到节目监视窗口三个画面最右边的画面刚好在主画面的左边消失，右窗口对应出现第二个关键帧。

（9）在两个关键帧之间播放视频，观察画中画效果。

内容五：Edius 非编辑软件

1. 软件初始设置

（1）先在计算机数据盘中创建一个名为“Edius”的文件夹，第一次开启 Edius 软件会出现如图 3-2 所示的［工程路径设置］窗口，将刚才的文件夹设置好点［确定］按钮，在弹出的［初始设置工程］窗口中点［新建工程］按钮。

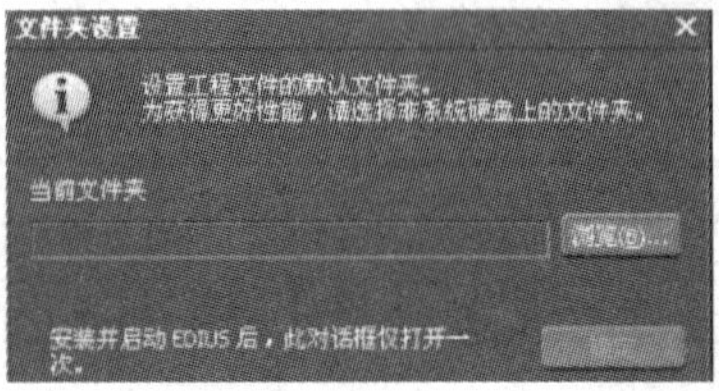

图 3-2 ［工程路径设置］窗口

（2）进入如图 3-3 所示的［创建工程预设］窗口，请勾选“4K、HD、50i、25p、8bit、10bit”，然后点下一步(N) >按钮，会出现勾选后的工程预置参数，点完成(C)按钮弹出［工程设置］窗口。（以后开启软件时将不会再弹出上示两个窗口）

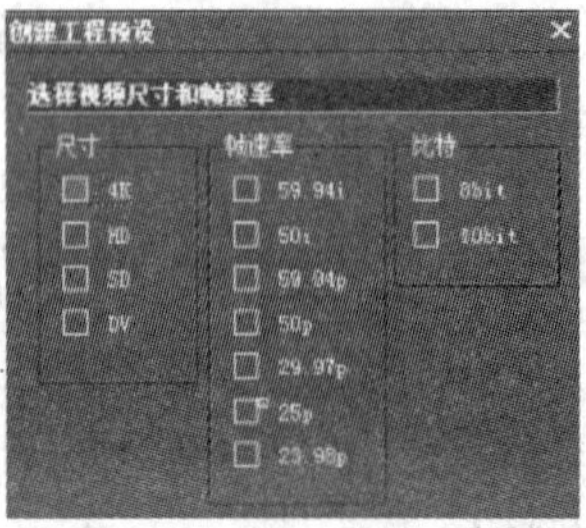

图 3-3 ［创建工程预设］窗口

（3）在［工程设置］窗口的［工程名称］中取名，在［预设列表］中选择需要的参数项后，点［确定］进入非编工作平台。

如果［预设列表］中没有合适的参数选项，请勾选面板左下角的 自定义(C) 后，点［确定］按钮进入［工程设置］手动设置面板，点开［高级］参数面板，将［帧尺寸］选为“自定义”后根据需要改变宽高比的数值，［宽高比］为“像素宽高比 1∶1”，［帧速率］根据需要选择，［场序］选为“逐行”。在［设置］面板中［渲染格式］（红色表示本机无此编码）选“Grass Valley HQX 最佳”或“无压缩 RGBA AVI”，最后点［确定］进入非编工作平台。

如果在进入非编工作平台后，发现所设工程参数与素材不相符，需要重新设置工程参数时，点选菜单栏中［设置］→［工程设置］弹出其窗口，再点击 更改当前设置... 按钮弹出［工程设置］手动设置面板（与上面一样），按上面步骤按需设置参数值，最后点 确定 按钮。

2. 软件基本编辑（步骤编号对应图 3-4 中的数字）

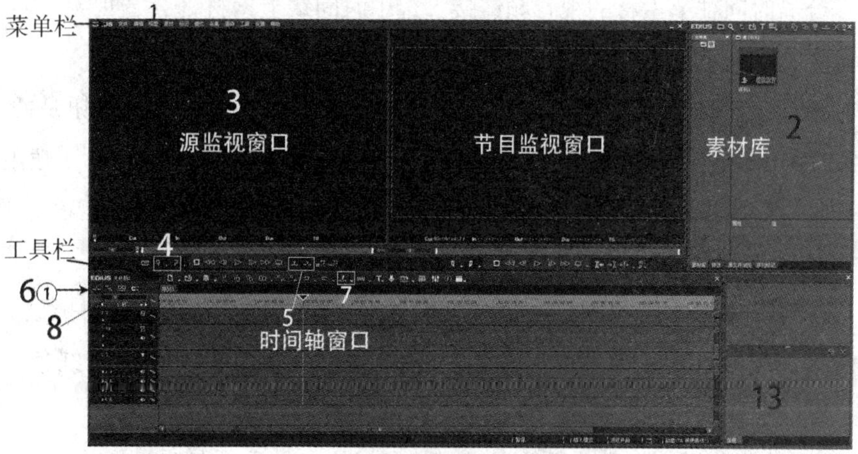

图 3-4　软件基本编辑步骤示意图

（1）单窗口变双窗口：点菜单栏中的［视图］→［双窗口模式］。

（2）导入素材：在素材库所示位置双击弹出［打开］面板，选择要导入的视、音频或图形图像，点 打开(O) 按钮，导入的素材会出现在库中。（任选一素材点击鼠标右键，在弹开菜单中点选“属性”弹出［素材属性］窗口，观察素材的具体参数。）

（3）查看素材：在素材库双击导入的素材，在源监视窗口中就会出现画面（音频无图像），点击下方的控制按钮可实现素材的播放、停止、快进等。

（4）截取素材：移动源监视窗口下的，再结合窗口下的出入点按钮，从素材中截取编辑用的部分。（切记不能在同一位置同时点出入点按钮，出入点位置也绝对不能相反。）

（5）将截取素材添加到时间轴窗口：截取素材后，点击源监视窗口下的 ，素材就会以［覆盖］或［插入］的方式到时间线 VA 轨道上，覆盖和插入的位置由时间轴上的 决定。

（6）将截取素材拖动到时间轴窗口任意轨道：

①确定插入或覆盖模式：点击［插入、覆盖切换］按钮；

②鼠标移到源监视窗口按下左键不松开，拖到时间轴窗口上的任意轨道的任意位置（当素材为视音频文件时，需拖到非 VA 轨道音频和视频将分别导入 A 轨道和 V 轨道。）

（7）时间线上素材添加剪切点：将 移到素材需添加剪切点的位置，点击工具栏的 ［添加剪切点］按钮。

（8）控制时间线上素材长度显示：移动 上面的滑块或点选下面的参数。（并不改变素材本身时间长短，只是在时间轴上显示长度发生的变化，为编辑需要而设计。）

（9）分离时间轴上素材的视音频链接：选中时间线上素材（含音视频），点鼠标右键弹出菜单中点选［连接/组］→［解组］。

（10）改变时间轴上素材的速度：首先确定［插入、覆盖切换］按钮是插入状态，用鼠标右键点击时间轴上的素材，在弹出的菜单中点选［时间效果］→［速度］弹出［素材速度］窗口，改变比率参数使素材加速或减速，勾选“在时间线上改变素材长度（C）”才会改变其在时间线上的长度。

（11）渲染工程：由于视频文件编辑需要内存的支持，当支持不够时播放会出现不流畅的情形，此时点击菜单栏［渲染］→［渲染整个工程］→［渲染红色区域］或［渲染橙色区域］（红色为支持情况差，橙色为支持情况一般）。

（12）取消源监视窗口和节目监视窗口的时间状态显示：点击菜单栏中［视图］→［屏幕显示］→［状态］，观察窗口显示时间码是否消失。

（13）视频布局的物理性：点选时间线轨道上的任一段素材，右下角的［信息］面板会显示“视频布局”，双击它弹出其窗口，这里主要是对视频进行物理性调整的项目，改变各个项目对应的参数值观察视频变化情况。

（14）保存项目文件：由于非编软件的稳定性不高，请牢记在编辑过程中随时保存项目文件，点击菜单栏中［文件］→［保存工程］。

（15）生成视频文件：先确定时间轴轨道上要输出视频的入出点（移动 并点击［节目监视窗口］下 ，这是输出文件时必须做的步骤）；再点击菜单栏［文件］→［输出］→［输出到文件］弹出窗口，勾选左下角的“在入出点之间输出”，选择输出格式“H. 264/AVC”后在右边点选“H. 264/AVC”，最后点 输出 按钮弹出新的窗口，在这个窗口中为生成的视频文件取名和设置路径，［比特率类型］设为“VBR”，在［平均］和［最大］根据画质和容量输入适当比特率数值，［画质］设为“最高品质”，最后点 保存(S) 按钮弹出［渲染］窗口指示文件生成过程，静等此窗口消失为止，最后播放生成的视频。

3. 视频特效的使用（始终保持一个素材添加一个特效）

（1）添加特效：点击［特效］弹出其面板，再点击［视频滤镜］前的⊞弹出菜单，将菜单选一个特效（前标志为▭）拖到时间轴的素材上，会在［信息］面板出现此视频特效名称，双击名称会弹出其窗口，改变窗口中各个参数项的值，观察视频的变化情况。

（2）取消特效：点击［信息］面板要取消的特效名称再点击✕（或在特效名称点鼠标右键弹出菜单中选“删除”）。

（3）特效类别：将 老电影 和 老电影 分别拖到新的素材上，观察［信息］面板的情况（▭表示其由至少两个以上特效合成而成）。

（4）添加关键帧：将 色彩平衡 拖到一个素材上，在［信息］面板双击“色彩平衡”弹出窗口，将图 3-5 中的［色度］勾选上，移动右边▼后点击◀◆▶到◇出现，将▼往后移此时改变［色度］后的数值（或直接拖动 色度(C) 中的滑块改变参数），对应时刻会再出现一个◇，在两个关键帧间拖动▼观察画面变化情况，最后点［确定］按钮（不是所有的特效都能添加关键帧）。

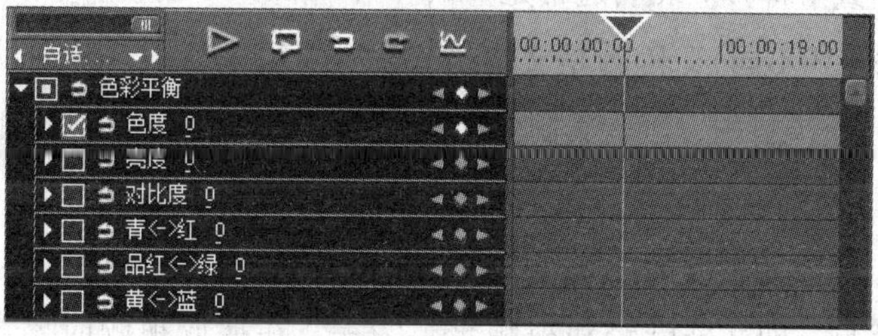

图 3-5 “色彩平衡”窗口内容

4. 转场特效的使用

（1）添加转场特效：确定时间线上有两个连接在一起的素材，点击［特效］弹出其面板，再点击［转场］前的⊞，直到⊞下的所有菜单选项全部被拉开，任选一项再按住鼠标左键不放将其拖到两个素材的连接处，会在此位置出现一截转场特效标识，将▼移到标识的入点，再持续点▷（或点▷）看看节目监视窗口的变化。

（2）取消转场特效：点击［信息］面板要取消的特效再点击✕（或鼠标右键点击时间轴两素材连接处转场特效标识弹出菜单中选“删除”，或直接将两个素材拉开）。

（3）将所有的转场特效拖到素材连接处，了解每一种转场特效。

作业：自己截取电影镜头或下载图片，选择 PR 或 EDIUS 非编软件，自选音乐（带歌词）制作不少于三分钟的 MV 视频，既要提交项目文件（或工程文件）也要提交生成的 MP4 视频文件。

实验五　字幕

一、实验目的

（1）认识字幕的类别。

（2）掌握字幕的制作技能。

二、实验准备知识

1. 字幕按格式可分为图形格式和文本格式

（1）图形格式字幕：由 idx 和 sub 文件组成，idx 相当于索引文件，里面包括了字幕出现的时间码和字幕显示的属性；sub 文件就是字幕数据本身，由于是图片格式，所以比较大，idx+sub 可以存放多种语言的字幕，在播放的时候可以方便地选择。

（2）文本格式字幕：扩展名通常是 ass、srt、smi、ssa 或 sub（和上面图形格式后缀一样，但数据格式不同），因为是文本格式，所以尺寸很小，通常只有几十 KB。其中 srt 文本字幕是最流行的，因为其制作和修改非常简单，只需一句时间代码加一句字幕即可。

2. 字幕按挂载方式可分为内嵌、内挂和外挂

（1）内嵌字幕：即字幕已经和视频合二为一，在播放视频时是没有办法去掉字幕的。

（2）内挂字幕：字幕和视频封装在一起成为封装格式文件，可封装不同语言的多个字幕在播放时进行选择。

（3）外挂字幕：字幕为独立的文件，视频播放时再加载在一起，要求字幕和视频的路径和文件名必须完全相同。

3. 字幕按形式可分为标题、滚动和唱词

（1）标题字幕：常作为影视作品的标题，一般在片头。

（2）滚动字幕：也称为游动字幕，常用于片尾。

（3）唱词：影视作品中的对白或解说词，一直出现在下方的字幕。

三、实验内容

内容一：标题字幕的制作

（一）Premiere 制作标题字幕

（1）开启 PR 并打开“实验五”保存的项目文件，再单击菜单栏［文件］→［新建］→［旧版标题］，在弹出窗口中确定参数和命名后点［确定］，字幕窗口开启的同时［项目］面板新增一字幕文件（如图 3-6 所示）。

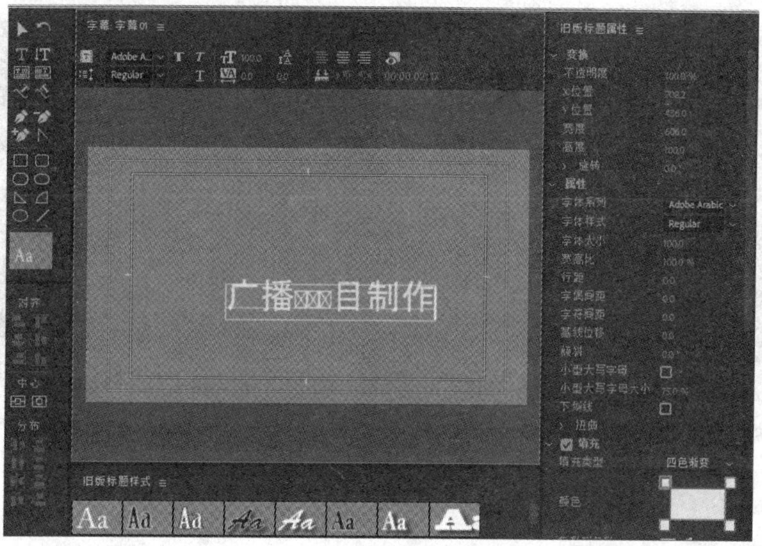

图 3-6　字幕制作界面

（2）默认已选文字工具，在［视窗］中点击后输入“标题”，点击选择工具后点选［视窗］已输入的标题，再双击［标题样式］中设置好的样式，也可以在右边［属性］面板改变参数设置，同时观察［视窗］中的文字变化直到满意为止。

（3）如需将新的样式保存，点击旧版标题样式 ≡的≡弹出菜单中选“新建样式”，再为新样式取名后点［确定］。

（4）中文如出现图 3-3 中不正常显示的情况，可在［属性］面板［字体系列］选择中文字体。

（5）点击［滚动游动选项］按钮，确定“静止图像”处于点选状态后点［确定］回到字幕主窗口，再点击左边［中心］的使标题字幕处于正中间；最后点字幕主窗口右上角的返回。

（6）将［项目］面板的字幕文件拖到 V 轨道最上面一层，播放并观察字幕。

（7）点选时间轴窗口上的字幕文件，点击［效果控件］弹出面板，将右窗口的移到最左边位置，点击［运动］→［缩放］前的并将参数值设置为“0”，再将移到中间位置，［缩放］参数改为“100”，播放并观察放大的效果，可左右移动第二个关键帧位置，使标题字幕出场效果符合心理感受。

（二）Edius 制作标题字幕

（1）开启 Edius 并打开“实验五”保存的项目文件，点击工具栏的［创建字幕］按钮，在弹出的菜单中点选“在 1T 轨道上创建字幕”，弹出“Quick Titler”字幕窗口（如图 3-7 所示）。

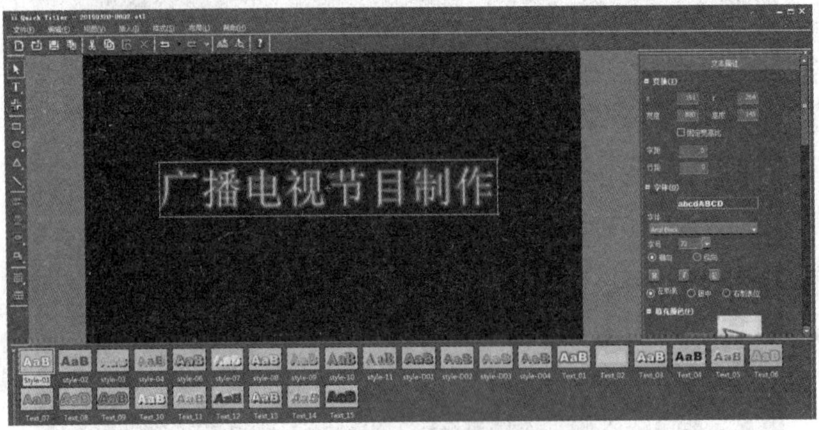

图 3-7　Quick Titler 窗口

（2）处于激活状态，视窗中有竖条在不停地闪烁，这时可直接输入“标题”，输完后在视窗空白处点击，将右边［背景属性］［字幕类型］确定为“静止”。

（3）点击后点选视窗中的“标题”，双击下面［样式库］面板中的任一样式，再通过改变右边的［文本属性］面板中的参数创建自己所需的样式。

（4）如需将新的样式保存，可在［样式库］空白处点鼠标右键弹出菜单中选“另存为新样式”，在弹出窗口取名后点［确定］。

（5）用将“标题”调整到正中间的位置后，点［文件］→［保存］，在时间轴 T 轨道和素材库面板都会新增标题字幕。

（6）鼠标移到 T 轨道上字幕的淡入转场特效右边直到鼠标呈，再按下鼠标左键向右移动（加长淡入时间）；点击［信息］面板中第二个［淡入淡出］（即淡出转场特效）后点，点击［特效］弹出面板，弹开［字幕混合］下的特效，任选一个拖到 T 轨道字幕的出场特效处，最后播放并观察效果。

（7）将 T 轨道上的字幕拖动到最上面的 V 轨道上，观察字幕的变化。

内容二：滚动（游动、爬动）字幕的制作

（一）Premiere 制作滚动（游动）字幕

（1）开启 PR 并打开“实验五”保存的项目文件，单击菜单栏［文件］→［新建］→［旧版标题］，在弹出窗口中确定参数和取名后点［确定］，开启字幕窗口，在默认输入状态下输入至少十行文字做滚动字幕（或是至少一行五十字的文字做游动字幕）。

（2）确定视窗中的文字处于被选择状态，把样式和位置（字幕中的第一个字必须在视窗可见范围内）都设置好后点击弹出窗口，［字幕类型］选“滚动”（或“向左游动”），选好后点［确定］，将［开始于屏幕外］［结束于屏幕外］都勾选上后点［确定］，最后点字幕主窗口右上角的。

（3）将［项目］面板上的字幕文件拖到时间轴窗口最上面的 V 轨道上，播放后用鼠标左键拖住 V 轨道上的字幕再播放。

（二）Edius 制作滚动（爬动）字幕

（1）开启 Edius 并打开“实验五”保存的项目文件，点击工具栏的［创建字幕］按钮，在弹出菜单中点选“在 1T 轨道上创建字幕”弹出窗口，在默认输入状态下输入至少十行文字做爬动字幕（或是至少一行五十字文字做爬动字幕）。

（2）点击视窗的空白处，右边［背景属性］面板改为“滚动（从下）”或“爬动（向左）”，再点选视窗中的字幕，把样式和位置（字幕中的第一个字必须在视窗可见范围内）都设置好，点［文件］→［保存］。

（3）1T 轨道上自行加载字幕，鼠标移到字幕入出点处按下左键左右移动改变字幕时长，播放并观察最后的结果。

作业：分别用 PR 和 EDIUS 为实验四制作的 MV 视频添加片头的标题字幕和片尾的滚动字幕；并提交项目（工程）文件和生成的 MP4 视频文件（保持画质和尺寸）。

内容三：唱词的制作

（一）外挂字幕的制作

（1）双击名为“ARCTIME_PRO_2. 2. 1_WIN64”文件夹中的“Arctime Pro.exe”开启软件，界面如图 3-8 所示。

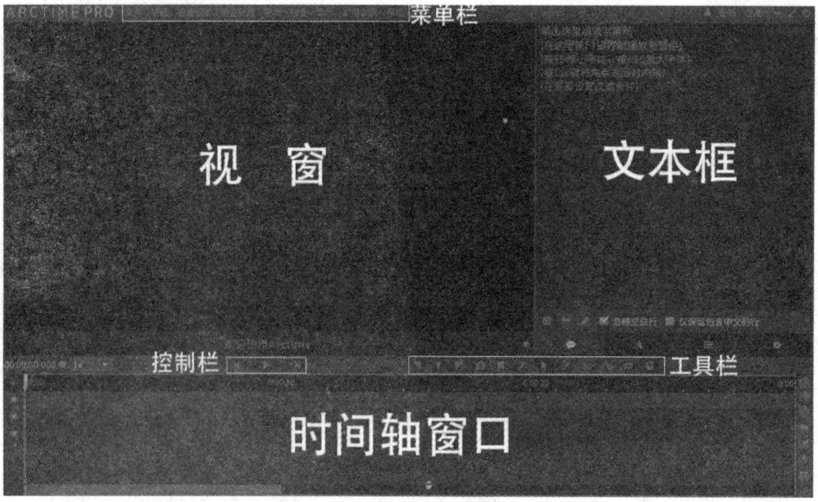

图 3-8　外挂字幕软件制作界面

（2）点击菜单栏［文件］→［导入音视频文件］弹出窗口中找到名为“光年之外.mp4”的视频文件点［打开］，视窗会加载上视频画面，时间轴窗口将会显示音频的波形图。

（3）点击菜单栏［文件］→［导入纯文本］在弹出窗口中找到名为“光年之外.txt”的文本文件点［打开］，在弹出的编辑窗口再点［继续］，回到主窗口文本框中会按行显示文字。

创建纯文本文件：在桌面空白处点鼠标右键弹出菜单点选［新建］→［文本文档］，双击桌面上出现的“新建文本文档. txt”，将要制作成唱词的文本按出场顺序一行一行地分割排列好，单行中的标点符号用空格替代。

（4）确定时间轴窗口的在第一句唱词前的位置，点击工具栏，再点击控制栏，之后听着声音依据文本框中的行，在时间轴波形按下鼠标左键打下“行的入点”，在波形上拖动直到松开打下“行的出点”，边听边对照文本框中的文字（行会自动从文本框消失），按行循环操作直到所有行都打完入出点。也可在听到行入点时按下键盘上J（K）键，直到行出点时再松开键盘，按行循环操作。如中途需暂停，点控制栏即可；如需接着打出入点，可先点击文本框下弹出其面板，观察文本框中的文字行是不是接着暂停之前的那一句，如果那句已消失可通过“恢复一句原文”（如多恢复了行，可点击弹开编辑窗口，将多的行删除后点［保存修改］），最后将拖到接着第一句前的位置，点击控制栏，继续听着声音打入出点。

（5）将拖到片头，点击控制栏，观察唱词和听到的时刻是否对应，再点击菜单栏［功能］→［时间轴整体平移、缩放工具］，在弹出窗口左边的圆中按下鼠标左键转动，同时观察时间轴上字幕块的移动情况，前移一定的 ms 数（据每个人应激反应时间来定）后点［确定］，再播放并观察唱词。

（6）播放时发现某一行入出点差距明显，点控制栏，可直接用鼠标左键在时间轴窗口的字幕块上拖动入出点到对应时刻；如果字幕块中的文字需要修改，双击字幕块弹出编辑条改完后点。

（7）点击［文件］→［保存工程文件并生成字幕］，再点菜单栏［导出］→［字幕文件］弹出窗口，确定［SRT］被勾选后点［导出］，弹出保存的. srt 文件窗口，一定要记住该文件名（会以导入的视频自动命名）和路径（导入视频同路径会自动创建一个名为“＊_Video_Export”的文件夹，外挂字幕就自动保存在此）。

（8）将导出的. srt 文件拷贝到视频文件所在路径，用支持外挂字幕的视频播放器（暴风影音、VLC）播放视频文件，观察外挂字幕（一般会自动加载，如不显示，可在播放器点击鼠标右键，在弹出菜单中点击［字幕］→［添加字幕文件］手动添加外挂字幕.srt，字幕样式由播放器决定）。

（二）双语字幕的制作

（1）开启 Arctime 字幕软件，点击菜单栏［文件］→［新建工程］，直接将“光年之外.mp4”拖到软件的视窗中，点击［文件］→［导入双语字幕文稿］，在弹出窗口上点［继续］。

（2）将拖到片头，点击和，边听边为每一行打好入出点（时间轴窗口的字幕块双语呈一行出现在一个轨道上），再点击菜单栏［语言处理］→［将双语字幕切为双轨道］，查看播放效果。

（3）定义字幕样式：点击文本框下弹出样式与效果面板，双击［Default］弹出编辑窗口，在［字体］下颜色改成红色、勾选［加粗］项后点［应用］，再双击［Default-L2］，颜色改成绿色、字号为“40”，点［应用］按钮。

（4）将字幕样式赋予双语字幕：点击文本框下弹出样式管理面板，当前的中文字幕会被默认分组为［组 1］，同时默认［Default］样式，当前的英文字幕会被分组为［专用组 A］，为其点选［Default-L2］，播放视频观察中英文字幕的样式。

（三）外挂字幕变内挂字幕（接着上面的步骤）

点击［导出］→［高级视频输出］→［包含源视频与 ASS 软字幕的 MKV］，在弹出窗口中点击［封装 MKV］，播放生成的 MKV 文件（自动保存在导入视频同路径“视频名称_Video_Export”文件夹）。

（四）外挂字幕变内嵌字幕（接着上面的步骤）

点击［导出］→［快速压制视频］（两种编码都可），如弹出窗口有［ABR 平均码率模式］则点选，设置好数码率数值后点［开始转码］，生成完的 mp4 文件会自动弹出其所在路径，播放观看效果。

（五）外挂字幕导入 Premiere

（1）开启 Premiere，新建项目和序列，导入视频文件“光年之外.mp4”和外挂字幕“光年之外.srt”。

（2）将视频文件拖到时间轴窗口轨道上，再将外挂字幕拖到其上面的 V 轨道，并调整位置直到声画同步。

（3）双击外挂字幕弹出字幕面板，在第一句的［入点］和［出点］间的空白处点鼠标右键点“全选”，点［背景颜色］后，将后面的“100%”改成“0%”，观察节目监视窗口中字幕的透明效果；再点［文本颜色］后，点击其后的弹开［拾色器］或直接用吸管设置颜色，观察字幕色彩变化。（还可以改变［字体］［大小］等项目）

（4）在时间轴窗口打好输出视频的入出点后，点［文件］→［保存］保存项目文件，再点［文件］→［导出］→［媒体］弹出窗口，输出 mp4 文件，播放并观看成片效果。

作业：为添加了标题和滚动字幕的 MV 视频再添加上外挂唱词（单独提交），再转换成内嵌唱词提交 MP4 视频文件（保持画质和尺寸）。

实验六　调色

一、实验目的

（1）了解色彩的相关知识。

（2）掌握调色软件 Davinci Resolve 的使用。

二、实验准备知识

1. 国际色彩联盟

国际色彩联盟（International Color Consortium，ICC）成立于 1993 年。当时计算机图形图像技术刚起步，由于不同企业、不同设备之间制造的显示、输出设备的色彩差异明显，于是 Adobe、爱克发、苹果公司、柯达、微软、硅谷图形公司、升阳、Taligent 八家公司联合成立了 ICC 组织，旨在通过联盟，得到一个通用的色彩管理办法，使得色彩不会因为不同的操作系统、软件而有所不同。

随着色彩有关设备越来越多，ICC 组织也在不断壮大，佳能、惠普、爱普生都先后加入了ICC组织，其最大功劳就是推广通用的色彩管理办法，并且制定了一个后缀名为.icc或.icm的文件，用来描述设备的色彩特性。因此ICC又是这一联盟所颁布的通用色彩描述文件。

2. Windows Color System

Windows Color System简称WCS，是由微软和佳能两大公司共同提出的一种新的色彩管理理念。WCS借鉴了很多色彩管理方案，包括使用最新的CIE色彩呈色模型（CIECAM02）、基于测量的特性文件、设备分离模块、颜色再现和色域匹配模块等。

3. 色域

色域指某种设备所能表达的颜色数量所构成的范围区域，即各种屏幕显示设备、打印机或印刷设备所能表现的颜色范围。

（1）sRGB：作为最早期的色域标准之一，至今仍有非常重要的影响力。sRGB于1996年由当时两大巨头微软和惠普共同定制，并且得到了来自W3C、Exif、Intel、Pantone、Corel以及其他许多业界厂商的支持。

（2）Adobe RGB（ARGB）：由Adobe公司于1998年提出，实际是为了解决sRGB色域不能覆盖印刷系统中的CMYK色域问题，最主要就是提高了在青绿色系上的显示。

（3）DCI-P3：是一种应用于数字影院的色域，它是一种以人类视觉体验为主导的色域标准，尽可能匹配电影场景中能展现的全部色域。

（4）Prophoto RGB：是目前最好的专业色域工作空间，能获得更大的创作空间，并有机会利用相机传感器捕获的每个细节信息，高级打印机（全色域打印机）的打印效果十分生动，但现在支持的设备价格非常昂贵。

4. 色彩空间

色彩空间（Color Space）：色彩空间与色域大部分时候，两个单词可以互相调换。但实际上，Color Space不仅包括色域，而且包括设备的阶调信息，涉及颜色与颜色之间的关系，还包括颜色空间大小和形状。比如显示设备的色彩还原能力被量化后，可通过色彩空间这一概念直观地体现出来，在影视领域主要有三种色彩标准，分别为Rec. 2020、Rec. 709和DCI-P3。

（1）CIE 1931 XYZ色彩空间是第一次基于人眼对于色彩感知度量建立色彩空间的尝试，它几乎是所有其他色彩空间的基础，或者理解为可见色彩的全色域。CIE色彩空间的变体有：CIE LUV、CIE 1964 U * V * W * 和CIE LAB。

（2）Rec. 709是全球高清电视的统一色彩标准。

（3）DCI-P3是数字影院投影的较新的标准色彩响应，它的设计是用来尽可能匹配彩色电影的全部色域。

（4）Rec. 2020：进入4K年代，超高清电视广播系统与节目源制作国际标准。

5. 色准

色准是色彩的准确度，越是拥有高色彩准确度的显示器，存在的色差就越小，就越能真实还原色彩，色准通常以△E 为单位，被当作衡量一款产品好坏的关键性指标。当△E≤1 时，人眼几乎不能辨别两个颜色的差异；当 1<△E<3 时，人眼需要比对后方能辨别细微的颜色差异；当 3≤△E<5 时，人眼可以辨别出颜色差异，并认为是两个相近颜色。当△E≥5 时，大多数人眼可以看出颜色差异，并认为是完全不同的颜色。

6. 色深

色深（color depth）：单位 bit，8bit 表示设备能显示 256 灰阶，10bit 表示 1 024 灰阶，灰阶级数越多表示颜色越精细，色彩过渡越均匀。

7. 色域空间

目前显示器通用的色域空间主要有 NTSC、ARGB、sRGB 三种标准。其中，NTSC 色域是美国电视标准委员会制订的一个色域空间标准；ARGB 的色域和 NTSC 标准较为接近，换算公式为“100% Adobe RGB = 95% NTSC”。sRGB 主要用于广色域（sRGB ≈ 72% NTSC，广色域就是指超过 72%NTSC 色域的所有其他色域）电视标准，部分非常专业的广色域显示器以此为标准。

8. GAMMA

GAMMA 体现了颜色和亮度之间的关系，合适的伽马值能有更好的画面细节呈现和更好的还原真实的画面。在不同的上下文环境中，有不同的含义，一个意思是表示对原始信号的一种变换，另一个意思是表示这种变换的度量参数，还可能表示显示器 gamma，文件 gamma，系统 gamma 三个概念中的某个具体概念。

（1）显示器 gamma：是物理属性，固定的，不变的，不可校正的。比如显示器 gamma 为 2.2，电视 gamma 为 2.4。

（2）文件 gamma：对一个给定的数码相片文件，按照相关标准规范，这个 gamma 是一个定值，所以无须对其校正。

（3）系统 gamma：所表示的变换，是计算机系统在读取了照片数字文件之后，在输出到显示器之前的一种变换，对于 windows 系统它存在于显卡中，是可调节的，可校正的。

（4）gamma 校正：过程是校正计算机的系统 gamma，使得显示器 gamma、系统 gamma、文件 gamma 三个变换的叠加为 1.0，从而使最终显示器的图像和原始场景一样，不存在失真。

9. RAW、Log 和 Rec. 709

（1）RAW：不是图像文件，而是一个数据包，前期拍摄时设定中只有曝光量（ISO，光圈，快门，焦距）在起作用，它本身是没有色域概念的，只是一堆二进制数据的集合，被形象地称为“数字底片”。

（2）Log：最早来源于柯达 Cineon 扫描胶片系统，系统通过 Log 这种特殊的视频录制方式去扫描胶片，并对应原片的密度，这是胶片转数码储存最优化的方式。这种数字信息有非常多的灰度和非常低的对比，所以视频录制在 Log 模式下，图像的对比度会降低，颜色的饱和度也会降低，在监视器上能看到图像，但需要颜色和对比校对。因为索尼、佳能和 ARRI 相机都有自己研发制造的 Log 系统，Sony 的叫 S-Log，佳能的叫 Cannon Log，阿莱叫 LogC。

（3）Rec. 709：Log 视频数据需要 LUT 翻译后才能看见正常的成像样子，翻译成 HD 高清视频的样子就是 Rec. 709。

10. 颜色查找表

颜色查找表（Look Up Table，LUT）：本质为通过对颜色的采样与差值计算，将色彩输入数值转换为特定的数值输出。其作用于图像的结果就是使图像的颜色产生变化，所以 LUT 可以通俗地理解为一种对色彩效果的预设。

（1）色彩管理（校准 LUT）：在电影技术数字化的今天，影像在拍摄、后期处理以及最终放映的过程中会由不同的系统处理，会以不同的形式出现，电影的色彩管理就是要确保影像在各个不同系统中保持视觉上的一致。而 LUT 在色彩管理的过程中起了非常重要的作用，它是统一不同系统、不同设备的色彩空间的重要工具。

（2）技术转换（技术 LUT）：许多摄影机以及有的单反都可以拍摄 Log 影像，这种影像在标准 Rec. 709 显示器上不能够正常还原，其根本原因在于二者的 gamma 差异很大。理论上，Log 影像必须在具有电影 gamma 的显示系统中才能被正常还原。但是没有任何一种显示器的自身 gamma 是电影 gamma，所以要人为地将其校正为电影 gamma。最常见的改变显示系统 gamma 的方法是使用 LUT。经过 LUT 转换后，你就能在 Rec. 709 显示器上看到正常的效果了。

（3）影像风格（风格 LUT）：使用 LUT 校准监视器的颜色并没有对影像进行创造性的加工，LUT 的另外一类用途就是调色，也就是对影像进行创造性的处理。

三、实验内容

内容一：校准显示器

（1）用鼠标按显示器右下角▤/OK下的按钮，桌面出现显示器设置菜单，接着按AUTO/▼的按钮到选项为“Color”时，再按▤/OK的按钮进入下一级菜单选项，按AUTO/▼选项移到“sRGB”后按▤/OK，最后按☼/◄关闭设置窗口。

（2）用鼠标右键在桌面空白处点击弹出菜单选“屏幕分辨率”，在弹出窗口中点击［高级设置］再弹出显卡设置窗口，点［颜色管理］弹出其面板，再点击［颜色管理］按钮弹出颜色管理窗口。

（3）在［设备］面板中点选［设备（D）］对应的显示器项，勾选［使用我对此设备的设置］，点击［添加］弹出［关联颜色配置文件］窗口，在菜单中选“HDTV（Rec. 709）”后点［确定］，如弹出提示窗口表示文件无法关联设备，此时可重选一个与显示器能关联的文件点［确定］，直到不再弹出提示为止。文件出现在窗口后点击［配置文件］弹出菜单选“将我的设置重置为系统默认值”，观察刚才显示在窗口中的关联文件是否还在。

（4）单击［高级］弹出面板，确定［设备配置文件］是“系统默认（sRGB IEC61966-2.1）”，最后点［校准显示器］按钮。

（5）进入校准提示页面点［下一步］，直到出现有“伽马恰好”提示的图片，一定记住伽马恰好的样子再点［下一步］，在调整伽马页面左边上下移动滑块，直到右边图示与伽马恰好的相似。

（6）点［下一步］又直到出现有“亮度恰好”提示的图片，记住亮度恰好的样子再点［下一步］，在调整亮度页面用鼠标按显示器右下角显示器控制▤/OK下的按钮，弹出显示器设置窗口后点AUTO/▼下按钮移到“Picture”项，再按▤/OK到下一级菜单，按AUTO/▼到“Brightness”项再按▤/OK进入亮度调整项，按AUTO/▼和▣/▲直到图示与亮度恰好的相似，最后按▤/OK再按☼/◀。

（7）点［下一步］又直到出现有“对比对恰好”提示的图片，记住对比度恰好的样子点［下一步］，在调整对比度页面用手按显示器右下角显示器控制▤/OK下的按钮，同上步骤选项变为“Contrast”进行操作，直到图示与对比度恰好的相似。

（8）点［下一步］到出现如图 3-9 所示的颜色平衡提示页面，记住尝试中等灰度的样子点［下一步］，在调整颜色平衡页面移动红绿蓝三个颜色的滑块，直到图示与尝试中等灰度的相似。

图 3-9　颜色平衡提示页面

（9）点［下一步］，出现［新的校准］提示页面，将［单击“完成”后启动……］的勾选去掉，点［当前校正］按钮，最后点［完成］按钮。

内容二：Davinci Resolve 软件调色功能

（一）软件的初始设置

（1）双击“Resolve. exe”开启软件，出现［项目管理器］窗口，单击弹出［Databases］面板，点击［新建数据库］窗口，点击［创建］按钮，［类型］选定为磁盘，［名称］以“学号”命名，［位置］保存在“D：\ Davinci”（如果D盘无此文件夹先创建好），最后点［添加］按钮。

（2）单击新命名的数据库，再双击右边［项目］面板中的“未命名项目”文件进入软件工作模块。

（二）视频的导入

（1）点击进入［媒体］窗口，确定［媒体存储］处于开启状态，找到“实验七 调色”文件夹下的四个视频文件，把它们拖动到MASTER右边的素材库，如弹出窗口提示素材与当前项目设置不匹配时，点［更改］即可。

（2）点击按钮进入［编辑］窗口，将刚才导入的视频按TS1—6的顺序拖到时间线轨道上，点击按钮进入［调色］窗口。

（3）点击菜单栏［文件］→［保存项目］，在弹出的窗口中输入各自“学号+姓名”后点［保存］。（养成经常保存项目文件的习惯，特别是做一个重要的操作后。）

（三）初级调色（一级调色）

1. 摄像机调色

点选时间线上的“TS1”素材（必须为RAW格式，试点选另外三个不同格式的视频素材），点击一级调色工具栏弹出其调色面板。

（1）先在［解码方式］中选“片段”，［色彩空间］分别选“DCI-P3”“Rec. 709”等，观察工作窗口的画面（色彩鲜亮处），最后选定为“Rec. 709”；［Gamma曲线］试选下拉菜单中的各个选项，最后还是定为最初默认的“RED gamma4”。

（2）在示波器窗口显示［分量图］，改变面板中［阴影］参数值直到［分量图］波形最下面刚好靠底，再改变［FLUT］［对比度］［饱和度］［曝光］［亮度］的参数值，边改边观察波形变化及工作窗口的画面到适当。

（3）［去噪］选“强”，［光学低通滤波器补偿］选“中”，［图像细节］选“高”；将［解码方式］在“项目”和“片段”之间进行切换，观察示波器窗口和工作窗口的变化。（如需反复预览当前视频，点击工作窗口的。）

2. 色彩匹配调色

点选时间线上的“TS2”素材，点击一级调色工具栏开启其面板。

（1）点击工作窗口下菜单中选色板，在工作窗口中将［虚拟色板］的各模块调整到与画面中的色板刚好色彩块一一对应，再点击工作窗口下菜单改选关。

（2）点击调色窗口中的［匹配］按钮，再调整［色温］值为“5600”再点［匹配］，观察波形和画面变化。

（3）多次点击节点区素材左上角的“01”，观察波形和画面在调色前后的差别。

3. 色轮调色

点选时间线上的“TS3”素材，点击一级调色工具栏的开启其调色窗口。

（1）调黑电平：在节点区素材上点鼠标右键在弹出菜单中选［添加节点］→［添加串行节点］，双击新节点使其处于选择状态。（删除节点：选定节点按键盘的［Delete］键）

①确定［色轮］面板选为一级校色轮，用鼠标左键拖动［Lift］色轮中心的点，观察示波器窗口三色波形的最低位置是否在同一个水平值，然后用鼠标左键左右拖转下面的直到三色波形水平值几乎都到“0”值（可交替反复调整）。

②点击一级校色条弹出菜单选“一级校色条”，将鼠标移到［Lift］四个色条上，然后前后滚动鼠标中间的滚轮，观察其下对应参数值变化情况。

③点击一级校色条弹出菜单选“Log”，鼠标左键拖转三个色轮下面的，观察波形跟在一级校色轮变化的不同；改变其下的［低范围］［高范围］的参数值，再拖转三个色轮下观察波形变化。

④反复点击节点区新节点上的“02”，观察调黑电平前后的画面和波形的变化。

（2）调亮度：在节点区第二个节点上点鼠标右键弹出菜单中选［添加节点］→［添加串行节点］，双击第三个节点。

①回到一级校色轮，用鼠标左键左右拖转［Gain］色轮下面的，直到工作窗口的画面高光部分亮度到合适。

②用鼠标左键左右拖转［Gamma］色轮下面的，直到工作窗口的画面中间影调亮度到合适。

（3）调整对比度：在节点区第三个节点上点鼠标右键弹出菜单选［添加节点］→［添加并行节点］，双击新添加节点。

①点击左下角在两者之间切换，先调整其后的［对比度］［饱和度］的参数值，再调整［轴心］［中间调细节］［色彩增强］等的参数值，观察画面和波形的变化。

②如果想将某一项调整参数复位，只需双击参数值前的项目名称即可。

③反复点击节点区新节点上的数值，观察串行和并行节点的调色关系。

（4）调影调：在节点区并行混合器点鼠标右键弹出菜单选［添加节点］→［添加串行节点］，双击新添加节点；再移动节点区右上［片段］后的滑块，将节点区的节点画面缩小。

①确定仍在一级校色轮面板，移动［偏移］色轮中间的点，观察画面呈现的色彩；单点［偏移］色轮右上角的复原。

②在新节点上点鼠标右键在菜单中点［1D 输入 LUT］或［3D LUT］下级菜单中的一个选项，观察画面的效果，再鼠标右键点［无 LUT］。

反复上面的操作，挨个加载完每个 LUT 选项，观察其呈现的调色效果。（最后取消最后节点的 LUT 设置）

4. 画廊的使用

确定左上画廊静帧区呈开启状态画廊，双击“TS3”素材节点区最后一个节点图，在工作窗口点鼠标右键弹出“抓取静帧”，观察画廊静帧区。

（1）对比调色效果：在节点区点击除第一个节点的其他节点左上的编号，即节点呈红色十字叉状态；点击工作窗口左上［划像］呈开启状态，根据视频需要在［水平］和［垂直］两者点击切换，在工作窗口对比调色前后的效果；在节点区按顺序点击节点编号，对比加载上调色的每个节点与最后调色节点的效果。

（2）拷贝调色效果：点击呈关闭状态，点选时间线上的“TS4”素材，用鼠标右键点击画廊静帧区刚抓取的静帧，在弹出的窗口点选“应用调色”，观察“TS4”素材节点区及工作窗口的变化。

5. 色彩混合器调色

确定“TS4”素材仍处于被选择状态，点击呈开启状态，点击画廊静帧区“TS3”素材的静帧画面，交替点击按钮，两个素材虽然使用了相同调色，但画面由于拍摄现场角度等的不同，颜色等仍存在细微偏差。

（1）首先确定以哪个素材为准：点选时间线上“准”素材，在工作窗口点鼠标右键弹出菜单选“抓取静帧”到画廊静帧区。

（2）点选时间线上需调色素材，点击呈开启，点击画廊静帧区“准”素材的静帧画面，交替点击按钮，观察偏差状况。

（3）点击一级调色工具栏的开启［RGB 混合调色］窗口，确定［保留亮度］被勾选。需将调色素材与“准”素材相比：

①偏蓝：将鼠标移到［蓝色输出］［B］色条上，滚动鼠标中间的滚轮使参数值变小。

②偏红：将鼠标移到［红色输出］［R］色条上，滚动鼠标中间的滚轮使参数值

变小。

③偏黄：将鼠标移到［蓝色输出］［R］和［G］色条上，滚动鼠标中间的滚轮使参数值都变小。

（四）二级调色（局部调色）

（1）点选时间线上的“TS1”素材，在节点区点鼠标右键弹出菜单选［添加节点］→［添加串行节点］，确定新节点处于被选择状态。

（2）点击二级调色工具栏限定器工具弹出其面板，鼠标移到工作窗口画面中的天空泛白处点击一下，开启窗口上的突出显示，观察选定的部分。

（3）回到限定器面板，点击［选择范围］的，鼠标移到工作窗口，滚动鼠标中间的滚轮放大缩小画面，按下滚轮不松状态移动鼠标拖动画面，交替两种操作将要抠像部分放大移动到合适位置，在抠像部分多次点击鼠标；再点击［选择范围］的，在抠像部分多次点击鼠标。

（4）将限定器面板［色相］下的［柔化］参数更改为“62”，［饱和度］下［亮区柔化］改为“2”，［亮度］下［低区］改为“57”、［高区］为“100”、［暗区柔化］为“15”、［亮区柔化］为“2.5”，然后点击［选择范围］的反转选区。

（5）点击二级调色工具栏弹出其面板，点选创建圆形遮罩，在工作窗口移动鼠标到遮罩上呈，按下鼠标左键拖动遮罩到“船的位置”；鼠标移到遮罩里面范围圈上面的点呈，按下鼠标左键可拖转遮罩；鼠标移到遮罩中间范围圈呈或，按下鼠标左键可拖变遮罩范围（把船全选）；鼠标移到遮罩外面范围圈呈，按下鼠标左键可改变遮罩柔化边缘的范围（范围合适即可）。

（6）点击窗口面板圆形遮罩后的变为●反转选区，观察工作窗口的选区“天空和船”被剔除，关闭；点击调色工具栏曲线开启其面板，移动鼠标到斜线靠右上点处按下左键拖动新创建的点往上移，观察画面高光和波形的变化；再在靠左下点处按下鼠标左键拖动新创建的点往上移，观察画面低光和波形的变化（如需取消创建的点，用鼠标右键点击创建的点，再单击“取消”即可）。

（7）画面高光和低光部分调亮后，只点击右边［编辑］的，再在左边斜线按下鼠标左键并向上拖动新创建点（可创建两到三个点分别控制高光、中间调和低光），直到画面绿色部分调到理想颜色。

（五）一级和二级调色综合应用

（1）点选时间线上的“TS5”素材，在节点区点鼠标右键弹出菜单选［添加节点］→［添加串行节点］，下面每一步完成后都需重复添加节点的操作。

（2）调黑电平：点击一级调色工具栏弹出其面板，调节［Lift］下色轮和使示波器窗口三色波形在最下部靠底。

（3）调亮度：调节［Gain］下色轮和使工作窗口画面高光部分到适当；调节［Gamma］下色轮和使工作窗口画面中间调到适当。

（4）调对比度等：调整［对比度］［饱和度］［色彩增强］［色调］等的参数值，直到工作窗口画面色彩适当。

（5）点击二级调色工具栏限定器工具弹出其面板，在工作窗口衣服范围内点击，点击后仍在衣服范围内点击，然后调整［色相］［饱和度］［亮度］下的参数值直到衣服被全选。

（6）确定工作窗口的视频停在第一帧，点击二级调色工具栏弹出其面板，点选曲线工具，在工作窗口沿衣服创建一个封闭的遮罩范围。

（7）点击一级调色工具栏弹出面板，将［Lift］［Gamma］［Gain］和［偏移］色轮中心的点都向蓝色移动到边缘，直到衣服变为蓝紫色。

内容三：软件实用功能

（一）跟踪功能

（1）点击工作窗口下播放控制栏的，观察画面的情况。

（2）将视频停到第一帧画面，点击二级调色工具栏弹出跟踪器面板，点击跟踪器面板上跟踪控制栏的，视频进入自动跟踪状态。

（3）面板上的跟踪结束后，再点击工作窗口下播放控制栏的，观察工作窗口画面中遮罩跟踪后的情况。

（二）稳定功能

（1）点选时间线上的“TS6”素材，将视频停到第一帧画面，点击二级调色工具栏弹出跟踪器面板，点击面板的窗口弹出菜单选“稳定器”，弹出其面板，确定［缩放］被勾选。

（2）将面板中的拖到第一帧，点［稳定］按钮，直到其处理完毕；点工作窗口观察画面稳定效果，再勾选“绕过稳定功能”观察加稳定效果的前后区别。

（3）点击面板右下投影弹出菜单分别改选“相似”和“平移”，再勾选“摄影机锁定”，再点［稳定］按钮，观察不同参数设置稳定效果的区别。

（三）输出视频

（1）点击［文件］→［保存项目］，保存当前工作项目文件。

（2）点击交付弹出［交付］窗口，在左上的［渲染设置］面板点选“自定义”；点击［位置］后［浏览］按钮弹出窗口，设置路径为“D：\ Davinci”点［OK］；［渲染］后点选“单个片段”。

(3) 设置［视频］下［格式］为“QuickTime”，［编解码器］为“DNxHR HQ”，［分辨率］为“1920＊1080HD”，取消勾选“使用恒定比特率”。

(4) 点击［音频］弹出面板，因此项目无音频，将“导出音频”前的勾选去掉。

(5) 点击［文件］弹出面板，［文件名使用］点选“自定义名称”，［自定义名称］后为即将生成的视频文件取名“学号+成片”，点［添加到渲染队列］按钮。

(6) 在右边的渲染队伍面板出现“作业”，点［开始渲染］，等视频渲染生成完成，对应路径找到生成的视频文件进行播放。

作业：将项目文件所在文件夹拷贝后提交，再提交生成的名为“学号+成片”的视频文件。

内容四：与非编软件的套底

(1) 在创建的数据库位置“D：\ Davinci”下设置好名为“调色后套底文件”的文件夹。

(2) 点击交付弹出［交付］窗口，在左上的［渲染设置］面板点选“Premiere XML”；点击［位置］后的［浏览］按钮，在弹出窗口设置路径“D：\ Davinci \ 调色后套底文件”后点［OK］。

(3) 确定［视频］的［导出视频］被勾选；［格式］选“MP4”；勾选［分辨率］的“以源分辨率渲染”；［质量］为自动“最佳”；其他默认。

(4) 因项目文件无音频，点击［音频］按钮弹出面板，取消［导出音频］前的勾选，其他默认，最后点击［添加到渲染队列］按钮。

(5) 点击右上［渲染队列］面板中新增的队列，点［开始渲染］按钮，等待渲染完毕。如渲染过程弹出报错窗口，关闭后回到［渲染设置］面板，［格式］另选“QuickTime”、［编解码器］分别选“MPEG4 Video”“DNxHR HQ”“Uncompressed RGB 8-bit”渲染三次，每次提示“覆盖渲染”都点［渲染］按钮，渲染完成后在“调色后套底文件”文件夹点鼠标右键选“属性”，观察文件夹容量大小。

(6) 进入该文件夹，显示文件的详细信息，将最后一个 XML 保留，另外的 XML 文件全部删除。

(7) 开启 Premiere，新建一个项目文件进入软件，点击［文件］→［打开项目］弹出窗口，双击“D：\ Davinci \ 调色后套底文件”中唯一的 XML 文件，再双击［项目］面板导入的“Timeline 1（Resolve）”，拖动时间轴窗口的观察几个素材的色彩及尺寸情况，将 4K 的两个视频缩放到满屏。

(8) 调整几个视频在时间轴上的前后顺序，点击［文件］→［导出］→［Final Cut Pro XML］，设置文件名为“P 到 D”、路径为“D：\ Davinci”后点［保存］。

（9）回到达芬奇调色软件，点击进入［编辑］窗口，点击［文件］→［新建项目］弹出窗口，以“学号+套底”命名，点［创建］按钮；再点击［文件］→［导入AAF、EDL、XML…］，弹出窗口找到“P到D”文件点［确定］，在时间轴上移动观察素材的排序及尺寸。

（10）点击进入［调色］窗口，在时间线上点选尺寸未满屏的素材之一，点击二级调色工具栏调整大小面板，再点击中的第二个点（即选调整输入大小），最后改变［缩放］项的参数值，直到工作窗口画面满屏。

作业：提交名为“调色后套底文件”的文件夹，并提交互相套底的项目文件。

试着将实验四制作的MV项目（工程）文件套入达芬奇调色软件，调色后再套回非编软件。

内容四：成片的调色

（1）在达芬奇调色软件中点击［文件］→［新建项目］，为项目取名为“学号+成片调色”，点［创建］。

（2）点击进入［媒体］窗口，在路径“D：\ Davinci”找到“学号+成片”视频文件，用鼠标右键点击弹出菜单中选“场景剪切探测”，弹出［场景探测］窗口。

（3）移动到视频第一帧，点［自动场景探测］按钮，等待探测结束。

（4）依次点击右边面板探测出的点，观察成片切分镜头的连接处情况，然后点击［添加］或［删除］按钮，增加或减少镜头片段，最后点［将剪切的片段添加到媒体池］按钮，点击左上角关闭窗口。

（5）媒体池切割的镜头按序排列并全部处于选择状态，点击进入［编辑］窗口，将处于选择状态的切割镜头拖到时间轴窗口，最后点进入［调色］窗口。

作业：新建项目文件为实验四制作的MV成片进行探测和调色，提交项目文件和调色后的成片。

实验七　二维动画

一、实验目的

（1）掌握flash的动画制作功能。

（2）掌握photoshop的GIF动画制作功能。

二、实验准备知识

1. 形状

形状是直接用绘图工具绘制出，用选择工具选中它或一部分时，选中区域显示白色或黑色的网点如像素点构成；只有前后关键帧都是形状才能成功添加形状补间动画。

2. 图形元件

导入图像或绘制图形都可以定义为图形元件，相当于舞台上的一个演员，对其进行动画设置后，其内部动画都会显现。

3. 影片剪辑元件

定义为影片剪辑元件的图形图像可以添加编程语句实现控制，与图形元件的最大区别就是内部动画的不可预见性。

4. 洋葱皮效果

洋葱皮效果即洋葱皮功能，可以预览一个时间之前到之后的动画姿势。该功能允许动画制作者通过参考动画的前一帧和下一帧轻松地定时当前动画帧，用于多帧动画编辑。

三、实验内容

内容一：flash 动画制作

（一）基本设置

（1）开启软件 Flash，在欢迎窗口点击［ActionScript3. 0］，进入软件工作平台。

（2）如图 3-10 所示，点击菜单栏［窗口］→［工作区］→［传统］，设置工作窗口。

图 3-10　Flash 动画制作窗口

（3）点击菜单栏［修改］→［文档］弹出窗口，将［单位］设置为“像素”，［舞台大小］设置为1 920×1 080，［帧频］设置为25，点击［默认值］后点［确定］按钮。

（4）舞台改变后，点击编辑栏 53% （数值随机）弹出菜单点选“符合窗口大小”。

（二）形状动画

（1）点击工具栏 颜色块弹出色板，移动鼠标 到纯红色点鼠标左键，设置好填充颜色；同操作设置描边颜色 （表示无边缘）。

（2）点选工具栏中的 T 文字输入工具后，在舞台上单击后输入各自“名字的拼音”，然后在右边属性面板中设置字体和大小，观察以帧为标识的时间轴窗口，第1帧从“空白关键帧” 变成“关键帧” 。

（3）用鼠标右键在时间轴第30帧点击弹出菜单中选择“插入空白关键帧”，点击新创建的空白关键帧，再次设置 为纯绿色后，点选 T 后在舞台单击输入各自“名字”，同样在右边属性面板中设置字体和大小。

（4）分别在时间轴点击第1帧和第30帧，观察不同帧“文字”，用鼠标左键在舞台上拖动两帧的“文字”，分别放在舞台的对角位置。

（5）定义元件属性：点第1帧，鼠标右键在舞台点击“名字的拼音”弹出菜单中选“分离”，重复操作直到文字分离为形状（即像素点构成的样子）；点第30帧，用相同的操作将“名字”也分离为形状。（必须前后关键帧的元件都是形状）

（6）定义动画：鼠标右键点击时间轴两个关键帧中间任意帧，弹出菜单中选“创建补间形状”，拖动时间轴上的 观察舞台两个形状自动生成的动画效果。

（7）保存项目文件：点击［文件］→［保存］弹出窗口设置文件名为“形状动画”，设置好路径后点［保存］。

（8）生成swf文件：点击［文件］→［导出］→［导出影片］，在弹出窗口中的［保存类型］选“SWF影片”，设好路径和文件名点［保存］。

（9）生成mov文件：点击［文件］→［导出］→［导出视频］，在弹出窗口中一定要勾选“忽略舞台颜色”，取消原本勾选的“在Adobe Media Encoder中转换视频”，点［浏览］按钮在弹出窗口设置好路径和文件名，点［保存］回到上一级窗口后，再点［导出］按钮。

（10）试着在Premiere导入生成的两个文件（SWF格式已不被支持，因此看不到此文件），导入mov文件，拖到时间线上，在下一个图层导入一视频或图片，播放观察效果。

作业：提交项目文件和生成的swf和mov文件。

（三）洋葱皮效果（多帧编辑）

（1）点击［文件］→［新建］弹出窗口双击“ActionScript3. 0”，点击［文件］→［导入］→［导入到舞台］，选择名为“洋葱皮”的图像文件，点［打开］。

（2）用鼠标右键点击舞台上的图像，在弹出菜单中选“分离”，即图像变为由像素构成。

（3）从时间轴的第 2 帧按下鼠标左键不松开直接移到第 50 帧再松开，此时这 49 帧同时处于被选状态，用鼠标右键点击被选的任意帧，在弹出菜单选“转换为关键帧”，即 1~50 帧全部成了关键帧。

（4）点击时间轴弹出菜单中勾选“始终显示标记”和“锚定标记”，点击开启［绘图纸外观］，点击开启［编辑多个帧］。

（5）点选工具栏橡皮擦工具；将时间轴上的左标记移到第 1 帧，右标记移到第 49 帧，然后在舞台上用橡皮擦擦掉图像一小部分；将右标记移到第 48 帧，在舞台上再继续擦掉一小部分；将右标记依次递减到第 1 帧，再在舞台上慢慢将整个图像逐渐擦完。

（6）点击关闭［绘图纸外观］，点击关闭［编辑多个帧］，点击时间轴播放看效果。

（7）点击［文件］→［保存］在弹出窗口设置文件名为“洋葱皮动画”点［保存］项目文件；再点击［文件］→［导出］→［导出视频］弹出窗口设置参考上面的步骤，输出背景透明的 MOV 文件。

作业：提交项目文件和生成的 mov 文件。

（四）图形动画

（1）点击［文件］→［新建］弹出窗口双击“ActionScript3. 0”，点击［文件］→［导入］→［库］，将文件夹“鹰”里的“肚皮.png”“右翅膀.png”和“左翅膀.png”导入。

（2）点击扩展坞开启库，将刚导入的三张图片用鼠标左键都拖到舞台上，并按位置拖放好如图 3-11 所示，再用鼠标右键点击舞台导入的图片，在弹出菜单中点选［排列］→［上移一层］（或［下移一层］），调整好图片的前后。

图 3-11　拖放好后的图片

（3）此时时间轴只有一个图层和一个关键帧，在舞台将三张图片用鼠标左键一次性都选上，再点击鼠标右键弹出菜单中点选“转换为元件”弹出窗口，[名称] 为“老鹰”，[对齐] 点选“中间的点”，[类型] 选“图形”，点 [确定]。

（4）点选舞台上的“老鹰”，用鼠标左键拖移，观察右属性面板 [位置和大小] 的参数值变化；点击 [宽] 前的变为，再改变 [宽] 或 [高] 的参数值，观察舞台上“老鹰”的缩放。

（5）将大小合适的“老鹰”移到舞台中央，双击舞台上的“老鹰”观察编辑栏、时间轴和舞台，即进入了图形的内部编辑，点击舞台上的“老鹰”；点击编辑栏的“场景 1”，再点击舞台上的“老鹰”；比较编辑栏为“场景 1”和“老鹰”时，舞台上“老鹰”有何不同。

（6）再次双击舞台上的“老鹰”进入其内部编辑，分别点选两只翅膀后点鼠标右键，在弹出菜单点选“分散到图层”，观察时间轴图层变为。

（7）双击时间轴“肚子”所在图层前“图层 1”三个字，改输成“肚子”，再点击面板对应下的变为将此图层锁定，采用相同的操作再锁定“右翅膀”。

（8）用鼠标右键点击舞台上的“左翅膀”，在弹出菜单中点选“转换为元件”弹出窗口，[名称] 为“左翅膀”，[类型] 选“图形”，点 [确定]。

（9）点选工具栏任意变形工具，然后用鼠标左键拖动舞台上翅膀的变形轴点到适当位置。

（10）用鼠标右键点击时间轴“肚子”所在图层的第 30 帧，在弹出菜单中点选“插入帧”，再点击“左翅膀”所在图层的第 15 帧，在弹出菜单中点选“插入关键帧”；确定正处在第 15 关键帧，点选工具栏，舞台上的“左翅膀”处于选择状态，鼠标移到选框形状会变成或，按下鼠标左键可变形和旋转图形（注意穿帮）；最终将翅膀调整为图 3-12 所示的样子。

图 3-12　调整后的图形

（11）鼠标右键点击时间轴“左翅膀”图层第 1 帧，弹出菜单选“复制帧”；在此图层第 30 帧点鼠标右键，弹出菜单选“粘贴帧”；用鼠标左键在此图层 1~15 任意帧按下，不松开拖到 15~30 任意帧再松开鼠标，在图层所选帧点鼠标右键弹出菜单选“创建传统补间”；最后点击时间轴▶观察关键帧之间自动生成的动画效果。

（12）点击时间轴第 1 帧，将“左翅膀”所在图层锁定，解除“右翅膀”所在图层。

（13）在舞台点选“右翅膀”图片，从上面步骤 8~11 开始操作：先将“右翅膀”定义为图形，再在 15 帧处创建关键帧，拖置图形的变形轴点并变形和旋转呈图 3-13 所示的样子，将第 1 帧复制到第 30 帧创建新的关键帧，最后将三个关键帧之间添加上补间动画，点击时间轴▶播放生成的动画效果。

图 3-13　变形后的图形

（14）点击编辑栏“场景 1”，确定时间轴处于第 1 帧，点击工具栏选择工具，点击舞台上“老鹰”，在属性面板［位置和大小］→［宽］设置为“600”，然后在舞台上用鼠标左键将“老鹰”拖到左下角，在时间轴图层第 100 帧点鼠标右键，弹出菜单中选“插入关键帧”，即在第 100 帧创建关键帧。

（15）确定处于第 100 帧，用鼠标左键拖动舞台上的“老鹰”到右上角，在属性面板［位置和大小］→［宽］改为“300”，在 1~100 任意帧点下鼠标右键，弹出菜单选“创建传统补间”，将移到第 1 帧后按键盘上的“Enter”键，观察图形动画的效果。

（16）点击菜单栏［文件］→［保存］弹出窗口，设置好路径并为文件取名“图形动画”后，点［保存］保存项目文件；将移到第 1 帧后，同时按下键盘上的“Ctrl”和“Enter”键，弹出播放窗口（如要停止反复播放点击右上角 ✕ ），观察窗口左上角文件后缀名是否为“＊. swf”，再在项目文件保存的路径找到“＊. swf”，双击再次播放。（同时按下键盘上的“Ctrl”+“Enter”键，等同于点击［文件］→［导出］→［导出影片］且是导出 swf 影片。）

作业：提交项目文件和生成的 swf 文件。

（五）影片剪辑动画（接着上面步骤）

（1）点击［文件］→［另存为］，项目文件名取为“影片剪辑动画”点［保存］。

（2）点击时间轴“图层 1”下变为✕，即隐藏图形动画所在图层；再点击新建图层，确定在第 1 帧。

（3）按照（三）的 2~13 步骤进行操作，只是凡是涉及弹开“转换为元件”窗口，［类型］都选为“影片剪辑”；［名称］另行设置为“新老鹰”。

（4）接着点击编辑栏“场景 1”，确定时间轴处于第 1 帧，点击工具栏选择工具，点击舞台上“新老鹰”，将属性面板［位置和大小］→［宽］设置为“500”，然后在舞台上用鼠标左键将“老鹰”拖到左上角。

（5）在时间轴图层第100帧点鼠标右键，弹出菜单中选“创建补间动画”，确定处于第100帧，在舞台上用鼠标左键将“新老鹰”拖到右下角，将属性面板［位置和大小］→［宽］设置为“300”。

（6）鼠标移到舞台上出现的路径上，变为按下左键拖动路径，反复操作观察路径的变化；将移到1~100的任意帧，然后在舞台上将鼠标左键移至“新老鹰”按下拖动，观察时间轴上选定帧自动转为关键帧。

（7）将移到第1帧后，比较元件定义为“图形”和“影片剪辑”的区别：

①将图形动画所在的“图层1”下变为，再点击，观察两只老鹰翅膀的情况；老鹰停下后，分别点击舞台上的两只老鹰，观察属性面板的区别。

②按下键盘上的“Enter”键，观察两只老鹰翅膀动态效果的不同；再同时按下键盘上的“Ctrl”和“Enter”键，再观察翅膀的动态情况。

③点击［文件］→［导出］→［导出视频］，在弹出窗口勾选“忽略舞台颜色”，取消勾选的“在 Adobe Media Encoder 中转换视频”，点［浏览］按钮在弹出窗口设置好路径和文件名，点［保存］回到上一级窗口后，再点［导出］，播放生成的mov文件。

作业：提交项目文件和生成的swf和mov文件。

内容二：photoshop 动画制作

（一）GIF循环动画

（1）开启photoshop，打开名为“仙鹤”的图像，将两只仙鹤分别抠像到两个独立的图层。

（2）点击［窗口］→［时间轴］，点击“创建视频时间轴”，在“视频组”轨道上将其调整长度为15帧。

（3）点击“新建视频组”，点击出现的新轨道最后的为其添加抠像后的另一个png图像，在“视频组2”轨道上移动素材其入点为“视频组1”素材的出点，将其长度也调整为15帧，点击“播放”按钮看看效果。

（4）点击［文件］→［导出］→［存储为Web所有格式（旧版）］，在设置窗口中：首先预设项选“GIF 128仿色”，再将［颜色］更选为“256”、［仿色］为“100%”，［杂边］为“无”，确定［透明度］项被勾选，下面［动画］［循环选项］为“永远”。

（5）最后点“储存”按钮，取文件名后格式选“仅限图像”，点“保存”按钮，弹出提示窗口点［确定］，等待生成GIF。

（6）找到生成的 GIF 动画文件，双击或将其插入 PPT 中播放。

作业：提交 PSD 文件和生成的 GIF 动画文件。

（二）截取视频为 GIF 动画

（1）开启 PR，导入视频，为截取视频部分打上入出点，接着点击［文件］→［导出］→［媒体］弹出窗口，设置面板［格式］选为“JPEG”，然后点击［输出名称］弹出窗口设置好路径，再点右键为输出序列文件专门新建个文件夹，双击创建的文件夹后点［保存］。

（2）确定［视频］面板［导出为序列］被勾选，点［导出］按钮，等待将截取视频导出为图像结束后，关闭 PR。

（3）在 PS 中点击［文件］→［打开］，弹出窗口找到刚保存序列图像文件的文件夹，点选其下生成的第一个文件，一定勾选窗口中的［图像序列］，最后点［打开］。

（4）在弹出帧速率窗口 25 后点［确定］，再弹开时间轴面板（点击［窗口］→［时间轴］），移动轴上观察图像连播。

（5）点击［文件］→［导出］→［存储为 Web 所有格式（旧版）］，在窗口设置同上一个实验第 4 步骤，接着操作同第 5 步骤生成 GIF 动画。

作业：提交 PSD 文件和生成的 GIF 动画文件。

实验八　三维动画

一、实验目的

（1）了解 3D 软件 C4D 的动画工作原理。

（2）掌握 C4D 制作三维字幕及 LOGO 的技术。

二、实验准备知识

1. MAYA

MAYA 是 Autodesk 旗下的著名三维建模和动画软件，着力于 3D 角色动画制作。

2. HOUDINI：

HOUDINI 是一款三维计算机图形软件，由加拿大 Side Effects Software Inc 公司开发，是完全基于节点模式设计的产物，其结构、操作方式等和其他的三维软件有很大的差异，是创建高级视觉效果的有效工具，着力于影视特效。

三、实验内容

内容一：C4D 制作三维字幕

（一）建模

（1）开启 3D 软件 CINEMA 4D（界面如图 3-14 所示），点击［文件］［保存］弹出窗口，为文件取名“3D 字幕”点［SAVE］。

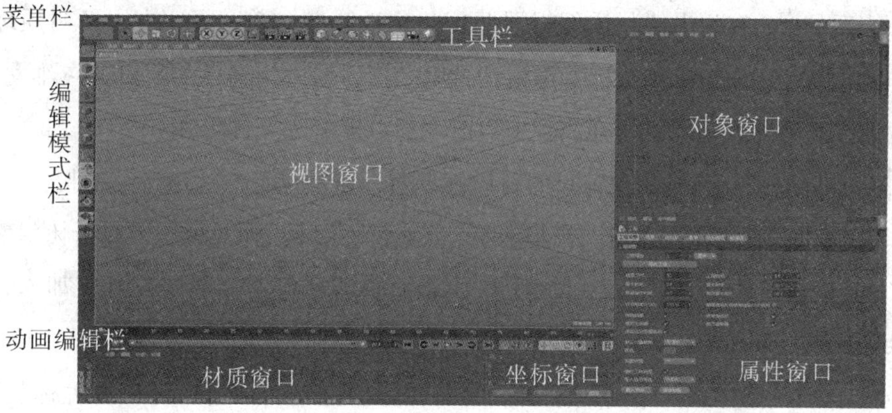

图 3-14　3D 软件操作界面

（2）用鼠标左键按住工具栏在弹出的工具中选择文本，然后在属性窗口中［文本］将“文本”变更为各自的“姓名”，用鼠标左键按下［字体］后的选项弹出菜单，不松开鼠标在菜单中移动，选择好字体直至在视图窗口能看到“姓名”样条线，［对齐］选为“中对齐”。

（3）用鼠标左键按住工具栏在弹出的工具中选择挤压，然后在对象窗口拖动“文本”到“挤压”下，鼠标出现↓松开，观察视图窗口中的三维文字。

（4）点选对象窗口［挤压］后，点击属性窗口［对象］弹出其面板，将［移动］最后一个参数值从默认的“20cm”改成“40cm”，点击［封顶］弹出面板设置参数如图 3-15 所示，边更改参数边观察视图中三维文字的变化。

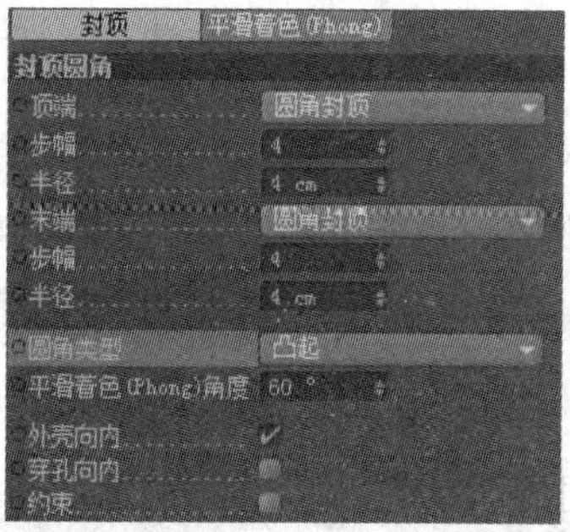

图 3-15　［封顶］窗口的参数设置

（5）在视图窗口中按下鼠标中间的滚动轮，将单一视图切换成四视图；分别按着键盘上的1、2、3数字键不松开，然后按下鼠标左键在透视视图中拖移，观察各个视图中的三维文字。

（6）在透视视图按下鼠标滚动轮回到一个视图显示，点击工具栏，观察渲染当前视图后的三维文字效果。

（二）添加材质

（1）调配材质：点击材质窗口［创建］→［着色器］→［DANEL金属］，再双击窗口下出现的，在弹出“材质编辑器”窗口中改变其参数，观察左上角材质球的变化，点关闭窗口；用鼠标左键拖动材质窗口的材质球到视图窗口的三维文字上，观察对象窗口和属性窗口，可在属性窗口改变参数重新定义材质。

（2）删除材质：点选对象窗口的材质标识，点键盘上的［Delete］键。

（3）调用已有材质：点击［窗口］→［内容浏览器］弹开窗口，点击树状文件管理［Prime］→［Materials］→［Matel］，双击右窗的材质球“Matel 001”加入材质窗口，点关闭窗口；拖动材质窗口的材质球到三维文字后，点击观察。

（4）材质贴图样式：单击对象窗口的材质标识，属性窗口为“纹理标签”，点击［投射］依次选菜单中不同项，点击观察不同贴图样式的效果。

（三）三维物体的动画设置

（1）工程设置：同时按下键盘上的［Ctrl］和［D］键，在属性窗口的［工程设置］面板，将［帧率］改设为“25”。

（2）双击动画编辑栏75 F，将参数改为“100”，并将左边时间缩放杠拖到满帧100 F，点击动画编辑栏开启动画关键帧设置按钮，即视图四周出现红框。

（3）点选视图中的三维文字，拖动到0帧位置后点击创建一个关键帧，再拖动到50帧位置后又点击再次创建一个关键帧。

（4）点选工具栏点选视图中的三维文字，再点选工具栏旋转工具后，在视图中按下鼠标左键只沿视图中旋转球的绿色方向拖移旋转180度，为精确旋转角度，需边拖转边观察坐标窗口［H］值，甚至可直接在［H］设置参数为“180”，最后点击为当前关键帧设置新值。

（5）点击关闭关键帧设置，点击动画编辑栏回到0帧，再点击动画编辑栏观察软件在两个关键帧自动生成的动画效果。

（四）为场景添加摄像机

（1）在视图中按鼠标中间的滚动轮，将单一视图切换成四视图。

（2）用鼠标左键按住工具栏在弹出工具菜单中选，观察四个视图，为看全视图中添加的摄像机，可滚动鼠标中间的滚轮缩放场景；然后在“顶视图”“右视图”“正视图”三个视图中移动或旋转添加的摄像机，观察“透视视图”。

（3）点选“透视视图”后，点击对象窗口 为 ，即将透视视图激活为摄像机所见视图；再在“顶视图”“右视图”“正视图”三个视图中移动或旋转添加的摄像机，再观察“透视视图”。

（五）摄像机的动画设置

（1）在“透视视图”中按鼠标中间的滚动轮，将四视图切换成单一视图。

（2）确定对象窗口的摄像机处于被选择状态，拖动 到第50帧位置，点击 开启关键帧设置（视图出现红框），点击 创建摄像机第一个关键帧。

（3）拖动 到第80帧，分别按着键盘上的1、2、3数字键，然后在视图中按下鼠标左键拖放，放大、旋转、移动三维文字到充满视图。（按下鼠标左键的位置非常重要，因为放大、旋转、移动都以此点进行。）

（4）再点击 在第80帧处创建摄像机第二个关键帧，点击 关闭关键帧设置，点击动画编辑栏 回到摄像机的前一个关键帧（第50帧），点击 观察软件在摄像机两个关键帧自动生成的动画效果。

（5）点击 回到0帧，再点击 观察定义的所有动画效果；分别点选对象窗口的三维文字和摄像机，观察时间轴上的关键帧，确定点选的是摄像机，移动时间轴第50帧处关键帧 的 移到0帧位置；拖动 到0帧点击 观察动画效果。

（六）为场景添加灯光

（1）在视图中按鼠标中间的滚动轮，将单一视图切换成四视图。

（2）用鼠标左键按住 在弹出工具菜单中选 ，在“顶视图”“右视图”“正视图”三个视图中移动添加的灯光，直到“透视视图”中的三维文字正面被光全部覆盖到。

（3）改变属性窗口［常规］→［H］［S］［V］三个参数，将［颜色］变为“有色光”，观察不同颜色的光对三维文字的影响。

（4）点击对象窗口 的 为 ，即关闭此灯光，反复开启和关闭添加的灯光，观察默认灯光与手动添加灯光的场景光效的区别。

（5）用鼠标左键按住 在弹出菜单除“日光”外分别添加到场景中，并在视图中移动旋转，在属性窗口改变参数，了解不同种类的灯光。（最后将所有的灯光都删除）

（七）动画输出设置和渲染

（1）点击工具栏 弹出渲染设置窗口，点选左侧树状［输出］，设置右侧［宽度］为“1280”，［高度］为“720”，［帧频］为“25”，［帧范围］为“全部帧”。

（2）点选树状［保存］，单击［文件］的 弹出窗口中设置好文件名，在所要保存的路径创建一文件夹，双击文件夹后点［保存］；［格式］选“PNG”，并勾选点击窗口中的选项；勾选［Alpha］和［直接 Alpha］。

（3）点选树状［抗锯齿］，点选右侧［抗锯齿］为“最佳”，其他未提设置全用默认值，最后点关闭设置窗口。

（4）保存项目文件：点击菜单栏［文件］→［保存］弹出窗口，设置好项目文件名和路径后点［保存］按钮。

（5）渲染：点击工具栏弹出渲染窗口，窗口已经根据设置开始渲染，要观察完整的渲染场景将鼠标移到渲染视窗滚动中间的滚轮缩放视窗；等渲染结束后，点击窗口右下的，观察输出的连续帧播放效果。

作业：提交项目文件和生成图像序列的文件夹。

内容二：LOGO 矢量图建模

（1）在矢量设计软件 Adobe Illustrator CC 中打开“工商大学标志设计. cdr”矢量图文件，在弹出的转换颜色模式窗口点选择“RGB”后点［确定］，进入软件工作版面；点［文件］→［存储为］弹出窗口，文件名取“校徽”设置好路径后点［保存］弹出选项窗口，将［版本］选为“Illustrator 8”后点［确定］，在弹出提示窗口仍点［确定］，最后关闭软件。

（2）在 C4D 中打开刚才保存的“校徽”，在弹出的导入窗口点［确定］，在对象窗口中将“工商大学标志设计”树状全拉开，将“路径 217”拖出“工商大学标志设计”，点选“工商大学标志设计”后点键盘［Delete］键删除多余样条线。

（3）点选对象窗口“路径 217”样条线，点击属性窗口［坐标］，将［X］［Y］［Z］参数都设为“0”，分别按着键盘上的 1、2、3 数字键，在视图中将样条线移动缩放旋转到适当。

（4）按住工具栏在弹出菜单中选，然后在对象窗口拖动“路径 217”到“挤压”下，点选“挤压”后在属性窗口改变［对象］和［封顶］的参数值，直到视图中“3D 校徽”呈想要的状态。

（5）参照实验“内容一”内容，为“校徽”添加材质和动画等，最后保存项目文件。

作业：提交项目文件。

内容三：LOGO 图片建模

（1）点击［文件］→［新建］，在属性窗口将［帧率］设置为“25”，在视图点鼠标滚轮，再在“正视图”点鼠标滚轮，使“正视图”单独显示。

（2）按下键盘的［Shift］和［V］键，点击属性窗口［背景］弹出其面板，点击［图像］后的在窗口中找到名为“可口可乐.jpg”的图片，点［打开］。

（3）按着键盘上的1、2数字键，在视图中按下鼠标左键移动缩放背景图片，直到“C”字母完整地显示在视图中。

（4）用鼠标左键按住工具栏在弹出工具中选择，确定属性窗口中［类型］为“贝塞尔”，然后点击鼠标左键在视图中沿“C”字母形成一个如图3-16所示的封闭样条线。

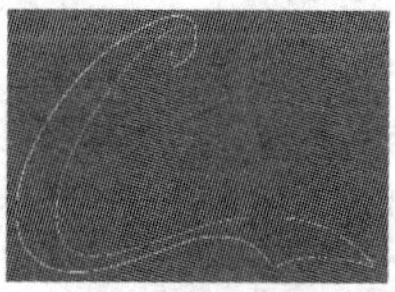

图3-16　封闭样条线

（5）确定处于被选择状态后，点选样条线上的点按下鼠标右键，可改变点的性质，也可移动点两边黑色平衡点进行精细调整；点选工具栏，再点选样条线上的点，可在视图中移动点，按下鼠标右键弹出菜单点选“柔性插值”，观察样条线的变化。

（6）按下键盘的［Shift］和［V］键，将［背景］属性面板［显示图片］勾选取消，在视图点鼠标滚轮，再在“透视视图”点鼠标滚轮，分别按着键盘上的1、2、3数字键，在视图中将样条线移动缩放旋转到适当。

（7）按住工具栏在弹出菜单中选，然后在对象窗口拖动“样条”到“挤压”下，点选“挤压”后在属性窗口改变［对象］和［封顶］的参数值，直到视图中“C”字母呈想要的状态。

（8）参照实验“内容一”内容，为“C”字母添加材质和动画等，最后保存项目文件。

作业：提交项目文件。

实验九　视频特效

一、实验目的

（1）了解视频特效软件Adobe After Effects工作流程。

（2）能用AE进行简单视频特效制作。

二、实验准备知识

1. NUKE

NUKE 是由 The Foundry 公司研发的一款数码节点式合成软件，具有先进的将最终视觉效果与电影电视无缝结合的能力，已被应用于近百部影片中。

2. AE 模板

已经用 AE 做好的工程文件，只要替换里面的文字、图片就可以达到模板表现的效果。

3. AE 插件

为了扩展 AE 的特效功能，得到某种特技效果专门另行开发的特效。

三、实验内容

内容一：AE 制作动态字幕

（一）合成文件设置

（1）开启 AE 软件，在弹出的欢迎窗口点击［新建项目］按钮，进入软件工作版面后，点击［新建合成］弹出合成设置窗口。

（2）［合成名称］为合成取名，［预设］菜单中点选“像素宽高”和“帧频”与合成设置一致的选项，如无可选项则直接在［宽度］［高度］［帧速率］更改参数值，最后点［确定］。

（3）点击菜单栏［窗口］→［工作区］→［标准］，即弹出图 3-17 所示的常用界面。

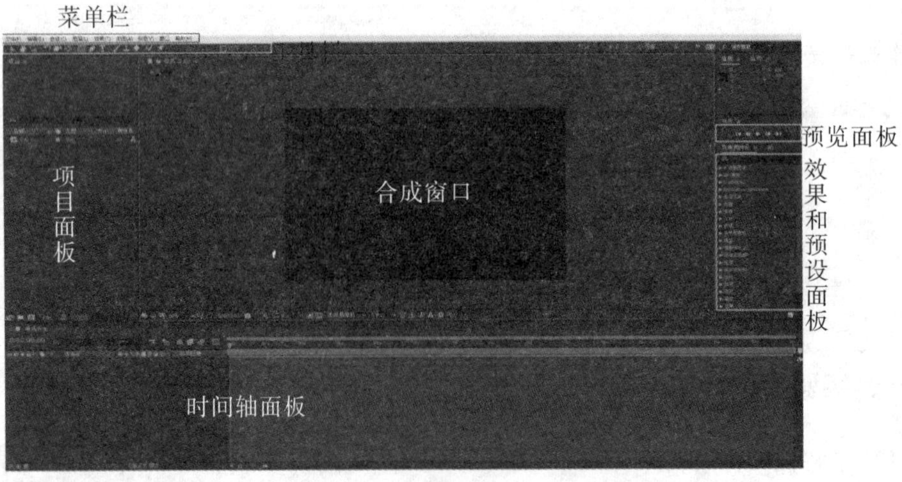

图 3-17　制作动态字幕常用界面

（二）导入素材

（1）双击项目面板，在弹出窗口中导入“实验四”中生成的 MV 视频文件，将项目面板新导入的视频文件用鼠标左键拖到时间轴面板，点击预览面板的，等待时间轴面板的渲染条全部变为绿色，再观察合成窗口按正常速度播放的素材。

（2）点击时间轴面板视频文件图层前的，关闭此图层。

（三）创建文本图层

（1）在时间轴面板左边空白处点鼠标右键，在弹出菜单中点［新建］→［文本］，输入“导演：”和各自“姓名”，在右边弹出的字符面板设置“120 像素”大小，文字颜色为“有色”。

（2）点选工具栏，然后在合成窗口拖移文本到中间位置，确定文本处于被选择状态。

（四）为文本添加动画

（1）将时间轴面板拖到首帧后，点击菜单栏［动画］→［将动画预设应用于］弹出窗口，在路径“C:\Program Files\Adobe\Adobe After Effects CC 2018\Support Files\Presets\Text\Animate In\”下预设好了动画效果，双击其中一种动画效果，然后点击预览面板的观察动画效果。

（2）将时间轴面板拖到首帧后，再点击菜单栏［动画］→［将动画预设应用于］弹出窗口，依次将所有的动画预设都双击添加一次，点击观察动画效果。

（五）定义工作区域（打入出点）

将时间轴面板拖到首帧，点击菜单栏［动画］→［将动画预设应用于］弹出菜单，在上述路径下双击“划入到中央”动画效果，拖到最后一个关键帧位置后，用鼠标左键拖移工作区域结尾端到处。

（六）输出特效视频

（1）点击菜单栏［合成］→［预渲染］弹出窗口，为合成取名设置好路径后点［保存］。

（2）在弹出的渲染面板中，点击［输出模块］后的蓝色字弹出其设置窗口，［主要选项］→［视频输出］→［通道］一定要设置为“RGB+Alpha”，其他为默认，最后点［渲染］按钮。

（3）点击时间轴面板视频文件图层前的开启图层，重复导入素材中的两个步骤，将动态字幕与视频合成。

作业：提交项目文件和渲染后的视频文件。

内容二：AE 模板

（一）替换素材

（1）双击名为“LOGO 演绎”文件夹下的“2D COMP.aep”项目文件，AE 将自动开启此项目文件，当弹出提示转换窗口时点［确定］。

（2）点击菜单栏［文件］→［保存］，在弹出窗口中项目文件名自动添加“（已转换）”（版本升级转换），点［保存］按钮。

（3）点击时间轴窗口合成“大海 2”，将拖到首帧后，点击预览面板观看四个合成连一起的效果。

（4）用鼠标右键点击项目窗口“ADOBE LOGO.ai”文件，在弹出菜单［替换素材］→［文件］，在弹出窗口中点选“实验九 视频特效”文件夹下的“工商大学标志设计.ai”，点［导入］弹出提示窗口点［确定］。

（5）点击观看四个合成中 LOGO 的替换效果，其中哪个合成中与 LOGO 相关的素材未被替换，原因何在？

（二）删除合成及其素材

（1）双击合成“大海 2”面板时间轴上“都市”的合成条，合成“都市”面板弹开，观察其涉及的素材哪些是此合成独有的。（如窗口上呈蓝色，一定要点击此按钮将隐藏素材也显示出来。）

（2）因还有合成“都市 LOGO”，继续双击此合成弹出其面板，继续分析其独有的素材，直到不再出现新的合成。

（3）点击合成“大海 2”回到面板，点选合成“都市”后按键盘上的［Delete］键，并点击时间轴窗口“都市”“都市 LOGO”前的。

（4）在项目窗口点选“都市”“都市 LOGO”后按键盘上的［Delete］键删除合成，弹出提示窗口都点［确定］。

（5）点击［文件］→［整理工程］→［删除未用过的素材］，在提示窗口点［确定］按钮，再拖动检视合成的素材完整性。

（6）再选择一个合成进行删除，四个合成只能保留两个合成，并在时间轴窗口合成“大海 2”面板将剩下两个合成拖移连接在一起，用鼠标左键拖移时间轴窗口到两个合成的开端和结尾端，即为输出合成打入出点。

（三）创建模板

（1）点击［文件］→［保存］，点击［文件］→［整理工程］→［收集文件］弹出窗口，点选［收集源文件］为“全部”，取消［完成时在资源管理器中显示收集的项目］的勾选，然后点［收集］，弹出窗口自动生成收集文件夹，即［文件名］后的

"名称"，确定路径后最后点［保存］。

（2）到对应路径下找到收集文件夹，双击打开文件夹，观察创建模板的完整构成。

作业：提交模板文件夹。

内容三：模板应用（视频抠像）

（一）了解模板中特效的作用

（1）双击名为"键控"文件夹下的"Key.aep"项目文件，双击时间轴面板合成"Pre-comp"面板的"分镜头A"合成弹出其面板。

（2）点选"分镜头A"面板中的"男性"图层，观察合成窗口；再双击"男性"图层，先观察合成窗口左上角的标题栏，点击"合成 分镜头A"，再点击"图层 男性"，鼠标移到合成窗口内滚动中间的滚轮缩放窗口，按下鼠标滚轮拖动合成窗口，直到人物的红色遮罩在窗口全屏显示。

（3）点击时间轴面板"男性"图层前的弹出菜单，点选"蒙版"项，并拖动时间线上观察合成窗口红色遮罩的变化。

（4）点击"合成 分镜头A"，确定时间轴面板"男性"图层仍处于被选择状态，点击菜单栏［窗口］→［效果控件］弹出其效果面板，点击三个效果前的关闭各个效果。

（5）点击时间轴面板弹出菜单"效果"前的，观察其下的三个效果与效果控件面板的是否一致，再依上往下点击三个效果前变为开启特效，再观察两个面板的变化，同时观察合成窗口添加上特效后的结果，了解每个特效的作用。

（6）双击时间轴面板合成"Pre-comp"面板的"分镜头B"合成弹出其面板，点选"特写"图层，再点击［效果控件］弹出面板，点击两个特效前的关闭特效，再依次点击特效前的变为开启特效，观察合成窗口了解特效的作用。

（二）导入需抠像的素材

点击［项目］弹出面板，双击面板空白处弹开导入窗口，点选名为"键控"文件夹下"需抠像"视频文件，点［导入］。

（三）创建新合成

（1）点击菜单栏［合成］→［新建合成］弹出窗口，［合成名称］设为"分镜头C"，［预设］选为"HDV/HDTV 720 25"，［像素长宽比］为"方形像素"，［持续时间］设置为"0:00:10:00"，点［确定］创建新的合成文件。

（2）点击［文件］→［另存为］→［另存为］，在窗口中为项目文件取名"Key新"后，点［保存］保存为新项目文件。

（四）设置蒙版

（1）将项目面板刚导入的素材用鼠标左键拖到合成“分镜头 C”的时间轴面板上，在合成窗口滚动鼠标滚轮缩放素材中的人物到适当大小，并拖动时间轴观察整个素材，最后停在人物所占面积最大的一帧处。

（2）点选工具栏，在合成窗口沿人物外围点击鼠标左键，最后形成闭合区域（即蒙版）；拖动观察整个素材确定每一帧人物都必在蒙版内，可通过在合成窗口拖移蒙版上的点改变蒙版的区域。

（五）拷贝粘贴抠像特效

（1）点击时间轴面板“分镜头 A”合成弹出面板，点选“男性”图层，点击［效果控件］弹出效果面板，按住键盘上［Shift］键后将面板中的三个特效一起点选，然后点菜单栏［编辑］→［复制］（快捷键：同时按下键盘上的［Ctrl］和［C］键）。

（2）点开“分镜头 C”面板，确定“需抠像.mp4”图层处于被选择状态，点菜单栏［编辑］→［粘贴］（快捷键：同时按下键盘上的［Ctrl］和［V］键）。

（3）将项目面板中的“SCENCE3.jpg”拖到“需抠像.mp4”图层下，再点击其前的，继续点［变换］前的，在［缩放］项后的参数按下鼠标左键拖移，直到图片在合成窗口满屏显示。

（六）重新设置特效参数

（1）点击效果控件面板“颜色范围”特效前的弹出其参数设置项目，点开［预览］前的，然后点选后在旁边的黑白视图中人物外部点击一下，再点选继续在黑白视图人物外部点击，同时观察合成窗口中的抠像情况，直到人物外部完全抠干净。

（2）由于人物过度抠像，需点击参数设置项［最小值（a，U，G）］或［最大值（a，U，G）］前的，然后移动弹出滑轨上的滑块改变其参数值，直到人物正常且抠除部分不再出现。

（3）拖动观察整个素材的抠像，通过改变特效的项目参数保证每一帧都抠像正常。

（七）测试快速抠像特效

（1）点击“需抠像”图层特效控件面板三个特效前关闭特效；复制粘贴“分镜头 B”合成“特写”图层的［Keylight］特效到“需抠像”图层。

（2）反复点选［Screen Colour］后的，在合成窗口该抠除部分点击，直到人物抠除干净。

（3）点开［Screen Matte］，调整［Clip Black］和［Clip White］的参数，直到抠像人物正常显示。

（4）拖动观察整个素材的抠像，通过改变特效的项目参数保证每一帧都抠像正常。

（八）融入场景

（1）确定“需抠像”图层仍处于被选择状态，同时按下键盘上的［Ctrl］和［C］键复制图层，再同时按下键盘上的［Ctrl］和［V］键粘贴图层。

（2）在时间轴面板点开“需抠像”下面图层前的▶，再点开［变换］前的▶，点击［缩放］参数前的解除宽高锁定，将后面的“100”改为“-50”，即此图层视频高度为一半并垂直翻转为倒像。

（3）调整［位置］后面的参数值，直到在合成窗口倒像成为正像的倒像，再调整［不透明度］为“40”，拖移时间轴窗口到视频结束端，最后点击预览面板▶等渲染后的最终合成效果。

作业：为新项目文件“Key 新”创建模板并提交，再提交最后渲染的合成视频文件。

实验十　综合应用

一、实验目的

（1）了解影视包装的技术构成。

（2）通过实例制作了解所学软件的综合应用功能。

二、实验准备知识

影视包装

从广义来说，其涵盖整个影视制作领域，是对影视节目的规范和美化，也是对影视作品品牌形象的强化。它在电影、电视、建筑、游戏、艺术、广告等行业已经得到了广泛的应用。

三、实验内容

内容一：PS、PR 和 AE 的关联

（1）打开软件 PR，点击菜单栏［文件］→［新建］→［Photoshop 文件］，弹出窗口［视频设置］项目设置［宽度］为“1 920”，［高度］为“1 080”，［时基］为“25fps”，［像素长宽比］为“方形像素”，点［确定］弹出存储窗口，设置好路径并为文件取名为“标题字”后点［保存］按钮，观察 PR 项目窗口添加的 PSD 文件，及软件 PS 的开启过程。

（2）点选 PS 工具栏，在自动开启文件的操作平台点击后输入各自“学号+姓名”，点击菜单栏［窗口］→［字符］弹出其面板，调整输入文本的尺寸和颜色等，最后点击软件右上角的弹出关闭提示窗口，点［是（Y）］。

（3）回到软件 PR，双击项目面板“标题字”文件，观察源监视窗口；在项目面板“标题字”文件点鼠标右键，在弹出菜单点［在 Adobe Photoshop 中编辑］，软件 PS 再次开启，改变输入文本的颜色后，点菜单栏［文件］→［保存］，再回到软件 PR，观察文本变化。

（4）打开软件 AE，点击菜单栏［文件］→［新建］→［Photoshop 文件］，会弹出存储窗口，设置好路径为文件取名为“特效字”，点［保存］。

（5）同上面第 2 步操作，只将输入文本改为“姓名+学号”，再接着同上面第 3 步操作，只是最后回到软件 AE。

（6）在软件 PR 中，将 PSD 文件拖到时间轴窗口，再导入一视频文件拖放到 PSD 文件下一个图层，最后点［文件］→［保存］，在弹出存储窗口取名“PR 项目文件”后点［保存］，保存项目文件。

（7）在软件 AE 中，点击［文件］→［导入］→［导入 Adobe Premiere Pro 项目］，在弹出窗口找到刚保存的“PR 项目文件”，双击文件名（或点选后点［打开］），在提示面板点［确定］。

（8）双击项目面板刚导入项目文件中的［合成］，观察时间轴面板和合成窗口。

内容二：将 C4d 工程文件导入 AE

（一）C4D 创建工程文件

（1）启动 C4D，点选［模拟］→［粒子］→［发射器］，点击动画编辑栏观察视图窗口发射器。

（2）点击下的，在属性窗口将创建的“平面”宽高都设成 20cm。

（3）在对象窗口中将“平面”拖到“发射器”下，点选发射器在其下的属性面板中将参数设置如图 3-18 所示，然后点播放键看看视图。

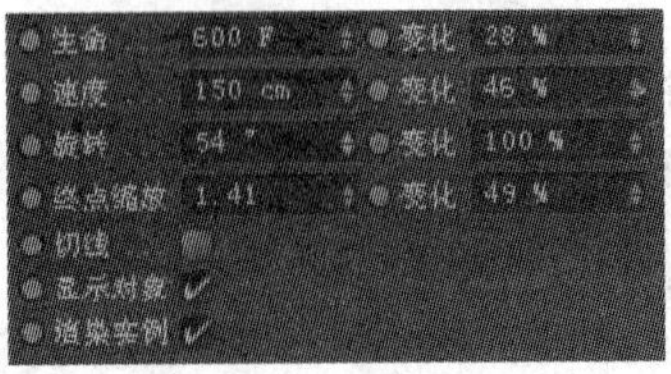

图 3-18　参数设置方法

（4）同时按下键盘上的［Ctrl］和［D］键，在属性窗口弹出工程设置面板，设置［帧率］为“25”，［最大时长］为“150F”，［预览最大时长］为“150F”；最后点菜单栏［文件］→［保存］弹出保存窗口为工程文件取名“粒子叶片”，设置好路径后点［保存］。

（5）在材质窗口中双击得到一材质球，再双击此材质球弹开其编辑器，点击［颜色］面板［纹理］后的，选择文件夹中的“叶子.png”，弹出提示窗口点［是］；再勾选“alpha”弹出其面板，点击［纹理］后的，仍选择文件夹中的“叶子.png”，弹出提示窗口点［是］，点击材质编辑器窗口右上角的结束材质编辑。

（6）用鼠标左键拖动刚设置的材质给视图中粒子发射出的“平面”，然后将从0~150帧间隔着几帧进行拖动，同时观察视图窗口的粒子叶片变化。

（7）按住键盘上的［1］键，将视图中的发射器拖到左下角位置，再拖动观察粒子叶片。

（8）点选［模拟］→［粒子］→［风力］，在视图中借助将风力调整到向斜上部吹的位置，并在其属性面板设置［速度］为“15cm”，［紊流］为“20%”，再拖动观察粒子叶片。

（9）最后点击［文件］→［保存］保存更改后的工程文件，点击关闭软件，在对应路径下是否增加一个“tex”文件夹，“叶子.png”在其中否。

（二）AE 打开项目文件

（1）启动 AE，双击“实验九 视频特效”文件夹中“键控”文件夹下的“Key.aep”打开项目文件。

（2）点击菜单栏［文件］→［另存为］，弹出窗口设置路径到文件夹“实验十 综合应用”，文件名设置为“综合应用”后点［保存］。

（三）AE 导入 C4D 项目文件

在项目面板双击弹出导入窗口，将刚才保存的 C4D 工程文件“综合应用”导入，并将其拖到合成“Pre-comp”时间轴面板且位于最高图层，在弹开的效果控件面板中，点选［Renderer］后的“Standard（Final）”，最后点击预览面板渲染完后观察实时播放的效果。

（四）AE 打包新模板

（1）先点击［文件］→［保存］，再点击［文件］→［整理工程］→［收集文件］，在弹出窗口点［收集］，设置路径到文件夹“实验十 综合应用”，用默认文件名点［保存］等待打包结束。

（2）关闭 AE，到对应路径将 C4D 的工程文件“粒子叶片”及“tex”文件夹都删除，再到对应路径找到文件夹“综合应用文件夹”，双击文件夹下“综合应用”项目文件重新开启 AE，拖动时间轴面板观察粒子叶片。

（3）将文件夹“实验十 综合应用”下的“叶子.png”拷贝到打包后文件夹“综合应用文件夹”下文件夹“（素材）”中，再在 AE 中拖动观察粒子叶片，最后渲染合成“Pre-comp”。

作业：提交 AE 打包后的模板文件和渲染生成的视频文件。

内容三：静止图片做 3D 穿越效果

（1）将插件名为“PlaneSmart”的文件夹拷贝到 C4D 的插件路径下（C：\ Program Files \ MAXON \ CINEMA 4D R18 \ plugins）。

（2）开启软件 PS，打开名为“狮身人面.jpg”的图片，用路径工具把图片分别按照“狮身”“沙地”“金字塔”“背景”进行抠像后，各占一个图层。

（3）点选盖章工具，按住键盘［Alt］键，同时将鼠标移到要拷贝的区域点击一下，然后松开［Alt］键，在缺失部分按下鼠标左键拖移，类似于以点进行图像的拷贝粘贴。

（4）反复拷贝粘贴将每个抠像的缺失按需补齐，最后取名为“狮身人面.psd”后保存为 PSD 格式文件。

（5）开启软件 C4D，点击菜单栏［插件］→［PlaneSmart］，在弹出窗口中选择刚保存的 psd 文件，接下来弹出窗口设置［使用通道］为“颜色”，［Z 偏移］为“1000cm”，［细分图层偏移］为“500cm”，勾选［应用透视校正］后点［确定］。

（6）点击工具栏弹出菜单中三次，即添加三台摄像机；点选对象窗口中新创建的第一台摄像机，并点击其后的为，即透视视图为当前摄像机所摄场景；分别按住键盘［1］［2］［3］键，然后在视图中按下鼠标左键进行拖移，直到视图呈想要的场景。

（7）再依次点选对象窗口中新创建的第二和第三台摄像机，点击其后为，再按住键盘［1］［2］［3］键用鼠标调整摄像机视图的场景；最终三台摄像机的场景依次形成向前推进拍摄的所见；再依次点击三台摄像机的为，观察在场景更替时是否穿帮，如有穿帮就再按住键盘［1］［2］［3］键进行调整。

（8）按住键盘［Ctrl］键，点选对象窗口刚创建的三台摄像机，将三台都选上后，点击菜单栏［创建］→［摄像机］→［摄像机变换］。

（9）点选对象窗口新创建的“变换摄像机”，点击其后为，然后点选属性窗口［摄像机变换］弹出其面板，用鼠标左键拖变［标签属性］下［混合］项的值从“0%”到“100%”，观察视图的场景变化。

（10）确定“变换摄像机”仍处于被选择状态，点击动画编辑栏开启动画关键帧设置，将拖到0帧位置，属性窗口摄像机面板［混合］设置为“100%”，点击设置第一个关键帧；将拖到最后一帧位置，［混合］改为“0%”，再点击设置第二个关键帧；点击关闭设置关键帧，点击动画编辑栏观察两个关键帧自动生成的动画效果。

作业：提交抠像后的PSD文件和C4D项目文件，并将C4D最后生成全高清画幅的MOV视频文件。

实验素材：

链接：https://pan.baidu.com/s/1XbLeVdSk3VUrw1YY7jMwxw

提取码：jan3